• Guias Ágora •

Os Guias Ágora são livros dirigidos ao
público em geral,
sobre temas atuais, que envolvem
problemas emocionais e psicológicos.
Cada um deles foi escrito por
um especialista no assunto,
em estilo claro e direto,
com o objetivo de oferecer conselhos e
orientação às pessoas que
enfrentam problemas específicos,
e também a seus familiares.

Os Guias descrevem as características gerais
do distúrbio, os sintomas, e,
por meio de exemplos de casos,
oferecem sugestões práticas que ajudam
o leitor a lidar com suas dificuldades
e a procurar ajuda profissional adequada.

Dados Internacionais de Catalogação na Publicação (**CIP**)
(Câmara Brasileira do Livro, SP, Brasil)

Markham, Ursula
   Luto : esclarecendo suas dúvidas / Ursula Markham ;
[tradução Dinah de Abreu Azevedo]. — São Paulo : Ágora,
2000. — (Guias Ágora).

   Título original: Bereavement.
   Bibliografia.
   ISBN 85-7183-712-0

   1. Luto – Aspectos psicológicos 2. Morte – Aspectos psicológicos 3. Perda (Psicologia) 4. Pesar I. Título. II. Série.

99-5466   CDD-155.937

Índices para catálogo sistemático:

1. Luto : Aspectos psicológicos   155.937
2. Perda por morte: Aspectos psicológicos   155.937

Compre em lugar de fotocopiar.
Cada real que você dá por um livro recompensa seus autores
e os convida a produzir mais sobre o tema;
incentiva seus editores a encomendar, traduzir e publicar
outras obras sobre o assunto;
e paga aos livreiros por estocar e levar até você livros
para a sua informação e o seu entretenimento.
Cada real que você dá pela fotocópia não autorizada de um livro
financia o crime
e ajuda a matar a produção intelectual de seu país.

Luto

Esclarecendo suas dúvidas

Ursula Markham

ÁGORA

Do original em língua inglesa
Bereavement
Copyright © 1996 by Ursula Markham
Primeiramente publicado na Grã-Bretanha, em 1996,
por Element Books Limited, Shaftesbury, Dorset.

Tradução:
Dinah de Abreu Azevedo

Capa:
  Ilustração: The Bridgewater Book Company
  Finalização: Neide Siqueira

Editoração eletrônica e fotolitos:
JOIN Bureau de Editoração

Proibida a reprodução total ou parcial
deste livro, por qualquer meio e sistema,
sem o prévio consentimento da Editora.

Nota da Editora:
As informações contidas nos Guias Ágora
não têm a intenção de substituir
a orientação profissional qualificada.
  As pessoas afetadas pelos problemas
aqui tratados devem procurar médicos,
psiquiatras ou psicólogos especializados.

Todos os direitos reservados pela
Editora Ágora Ltda.

Rua Itapicuru, 613 – cj. 82
05006-000 – São Paulo, SP
Telefone: (11) 3871-4569
http://www.editoraagora.com.br
e-mail: agora@editoraagora.com.br

Para Philip e David,
com todo o meu amor.

Pensa, então, minha alma, que a morte é como o noivo
Que coloca as velas fora do quarto.

"Do Progresso da Alma"
John Donne (1572-1631)

Sumário

	Introdução	9
1	O luto	11
2	E depois?	27
3	As questões pendentes	43
4	A criança enlutada	61
5	A perda de um filho	75
6	Casos especiais	95
7	Quando você tem tempo	111
8	Celebre a vida	123
	Leituras complementares	133
	Índice remissivo	135

Introdução

Algumas pessoas parecem ter sorte a vida inteira, enquanto outras dão a impressão de enfrentar uma batalha perpétua contra a adversidade. Mas, seja o que for que sua vida lhe traga, há uma coisa pela qual você vai ter de passar com certeza, um problema que afeta a todos igualmente, ricos e pobres, jovens e velhos. Em algum momento de sua vida, você vai ter de enfrentar a morte de alguém a quem ama.

Não é estranho que tenham sido desenvolvidos sistemas educacionais que nos preparam para quase tudo — de assar um bolo a fazer um exame, de tocar piano a administrar um negócio — e, mesmo assim, em momento algum nos ensinam a lidar com o que pode ser uma experiência devastadora?

Na verdade, na Inglaterra, assim como em muitas partes do mundo ocidental, a morte é um assunto sobre o qual ninguém gosta de falar. Só é mencionada quando inevitável e, no momento em que alguém enfrenta realmente a morte de um ente querido, em geral procura esconder seus sentimentos por trás dos "dentes cerrados", como se mostrar sua dor fosse um sinal de fraqueza.

A morte é um fato. É uma parte natural da vida e uma coisa que todos temos em comum. Apenas quando aprendemos a lidar de forma apropriada com o luto e a morte é que temos condições de viver plenamente nossa vida.

10   *Luto*

Como não são mencionadas, muita gente não entende a mistura complexa de emoções que acompanham o luto e, por isso, quando as percebem, pensam que deve haver algo de errado ou não natural em si.

Aceitar a morte de outra pessoa muitas vezes nos ajuda a diminuir os temores associados à idéia de nossa própria mortalidade, possibilitando-nos ir em frente e viver nossa vida da maneira mais positiva possível.

Neste livro, você vai encontrar explicações sobre o que está em jogo quando lidamos com a perda de alguém próximo, e também as melhores formas de lidar de maneira positiva com a situação, tanto naquele momento como em outros estágios de sua vida.

Nota
Para evitar o uso cansativo de "ela ou ele", esses pronomes são usados em separado, alternadamente, durante passagens longas do Capítulo 4, mas é evidente que nos referimos a crianças de ambos os sexos.

CAPÍTULO 1

O luto

A morte de uma pessoa próxima pode despertar inúmeras emoções, algumas delas esperadas, mas outras que podem deixá-lo perplexo. Essas emoções variam da tristeza extrema a uma sensação de alívio quando uma vida cheia de dor e sofrimento chega ao fim e a pessoa deixa de sofrer.

Pergunto-me por que tanta gente reluta em permitir que os outros vejam o que estão sentindo — por que, na verdade, sentem-se constrangidas quando alguém as surpreende mostrando sinais de emoção extrema. Você é um ser humano, tem todo o direito de sentir dor e tristeza. Isto não é sinal de fraqueza, apenas de ter uma personalidade afetiva e carinhosa que foi afetada pela morte de outra pessoa.

Em muitos casos, principalmente quando a morte é súbita e inesperada, a reação inicial é de incredulidade e até mesmo de negação. A consciência simplesmente não consegue assimilar o fato de que a pessoa amada se foi. Quando termina esse período inicial e admitimos o fato da morte, há vários estágios emocionais pelos quais passamos antes de chegarmos à aceitação. A seqüência mais comum da progressão emocional após uma morte é:

Incredulidade ou negação

Tristeza

Raiva

12   *Luto*

Culpa
Medo
Aceitação
Paz

Como é de vital importância para seu bem-estar futuro você entender e aceitar as emoções que sente, talvez seja bom examinarmos cada uma dessas fases em separado, pois algumas delas podem não ser o que está esperando.

TRISTEZA

Essa é a emoção que você provavelmente espera sentir. Mas, embora seja comum na maioria das situações, há diferenças de profundidade dessa tristeza e do período de tempo que ela perdura. Depois da morte do marido, o príncipe Albert, a rainha Vitória insistiu em usar luto pelo resto da vida. Outra mulher pode casar-se um ano depois da morte do marido. Quem pode dizer o que é certo ou qual delas amou mais?

O fato de sua viúva ter insistido em demonstrar a tristeza que sentiu pelo resto de seus dias pode ser visto como uma grande homenagem ao príncipe Albert. Porém, talvez seja também uma grande homenagem a outro marido sua viúva ter tido tanto amor e felicidade no casamento que queira repetir a experiência algum tempo depois.

Algumas pessoas têm mais capacidade de demonstrar sua tristeza abertamente do que outras, o que, evidentemente, não é algo ruim. Talvez você não queira ir ao supermercado banhado em lágrimas, mas não há nada de errado em permitir que seus amigos e familiares procurem consolá-lo quando você precisar. Também é importante, se tiver filhos, deixar que eles vejam esse seu lado, embora você prefira poupar-lhes o sofrimento que isso causa.

Sylvia ficou completamente arrasada quando o marido morreu em um acidente de carro a caminho do trabalho. O casal tinha um filho, um menino de quatro anos chamado Mark. Desde o começo, Sylvia achava que devia ser forte por causa de Mark e que faria o melhor possível para explicar à criança o que tinha acontecido de forma calma e controlada. Seus motivos eram os melhores, sem dúvida. Ela pensou que Mark teria mais condições de enfrentar a situação se achasse que a mãe estava conseguindo enfrentá-la — de modo que guardou as lágrimas para a privacidade de seu quarto e fez tudo o que pôde para manter o controle na frente de seu filho.

O que Sylvia fez, no entanto, foi causar uma grande confusão na cabeça da criança. Mesmo pequeno, ele sabia que o choro estava associado com o sentir-se infeliz e, como nunca via a mãe chorar, supôs que ela não estava realmente infeliz com a morte do pai. É claro que ele não sabia argumentar dessa maneira aos quatro anos de idade, mas as lembranças e os sentimentos ficaram implantados em seu subconsciente desde aquela época, prontos para vir à tona mais tarde.

E vieram mesmo. Sylvia ficou perplexa quando, alguns anos depois, Mark acusou-a de nunca ter realmente amado seu pai.

Para as crianças crescerem com emoções equilibradas, precisam saber que os adultos são seres humanos. Não somos pessoas perfeitas, nem robôs sem sentimentos. Choramos quando sofremos, podemos ser irracionais e perder as estribeiras, podemos rir e nos sentir felizes e até mesmo completamente bobos. Todas essas emoções fazem parte da vida e nossos filhos precisam ver quando as sentimos e compartilhá-las conosco.

14   *Luto*

A tristeza e o pesar que não são admitidos e vividos de forma plena podem ser perniciosos, física e emocionalmente. Todos nós já ouvimos falar de casos em que alguém morreu com "o coração partido" logo depois da morte de seu par amoroso. O coração não se partiu, claro, mas a tensão causada por manter a tristeza escondida do mundo externo pode ser o suficiente para afetar a pressão sangüínea, o coração e a vontade de viver daquele que ficou.

Em meu trabalho com pessoas recentemente enlutadas, muitas vezes me perguntam quanto tempo esse período de tristeza dura e quando vai "desaparecer". Essa pergunta não tem uma resposta única. Na verdade, não tenho certeza de que desapareça realmente algum dia. Mas pode mudar e tornar-se suportável. Como disse uma vez o radialista David Jacobs, depois de perder a mulher: "Você nunca supera o problema, acostuma-se com ele."

Os seres humanos têm uma capacidade de recuperação incrível. Tem de ser assim, senão ninguém conseguiria se refazer de nada, nem de tragédias tão graves quanto estar num campo de concentração ou perder vários membros da família de uma vez. Por maior que seja o seu pesar no momento e por mais que você sinta que nunca vai superar o problema, você supera, *desde que, em primeiro lugar, se dê tempo para viver o luto.*

Para a maioria das pessoas, o primeiro ano é o mais difícil. Há muitas datas importantes que tornarão você extremamente consciente de que alguém especial não está ali. Aniversários, Natal, Dia das Mães, Páscoa — culminando no aniversário da morte propriamente dita. Sobreviva a essas datas uma vez e elas nunca mais serão tão penosas.

Meu marido morreu em 1982 e, durante alguns anos, tive consciência aguda da data real de sua morte. Procurava deliberadamente arranjar alguma coisa para fazer naquele dia, para não ficar muito tempo sozinha, pensando. Mas tenho de admitir que, nos últimos anos, a data vem e vai sem eu sequer me lembrar dela a não ser algum tempo depois.

O tempo não alterou minha tristeza pela perda, nem o que eu sentia por ele. Entretanto, a vida continuou e realmente não há razão para que esse dia tenha um significado maior do que qualquer outro.

É bom lembrar que, quando estamos de luto, estamos chorando mesmo é por nós. É absolutamente certo fazer isso, claro, mas muitos de nós não param para pensar e ver que é isso que *estamos* fazendo. Quaisquer que sejam suas crenças pessoais sobre o que vem depois desta vida (vamos tratar disso com mais detalhes no próximo capítulo), você não chora pela pessoa que morreu. Se existe algum lugar especial para ir, então ela está lá e você deve ficar alegre por ela. Se não há nada, ela não pode estar sofrendo. Portanto, aceite que você está chorando porque ela foi embora e deixou você para trás — talvez tenha deixado você se sentindo sozinho ou com medo. Portanto, quando o choro parar, é um sinal de que você está ficando mais forte e não de que já não sente a falta da pessoa que morreu.

RAIVA

Embora você espere sofrer, pode ficar surpreso ao descobrir que sente uma grande raiva depois de uma perda. As razões da raiva podem variar até de um dia para outro. Você pode descobrir que está com raiva da pessoa que morreu — que ousadia ir embora e deixá-lo para enfrentar tudo sozinho! A lógica pode lhe dizer que o falecido não teve escolha, mas isso não ajuda a reduzir a sensação de fúria com essa "rejeição" suprema.

Num outro dia você pode dirigir sua raiva para os que não sofreram como você. Ao caminhar pela rua, vai perce-

16   *Luto*

ber todos aqueles casais que ainda estão juntos enquanto você perdeu o seu par. Se perdeu um dos pais ou um filho, vai notar todos os que não só estão juntos como curtindo muito a companhia uns dos outros. Você pode se surpreender sentindo raiva e um ódio mortal de todas essas pessoas — o que pode ser bastante assustador. Afinal de contas, espera-se que sejamos seres humanos civilizados que não sentem ódio dos outros — muito menos por serem mais felizes do que nós.

Não se preocupe. Esses sentimentos logo vão passar. E, desde que você simplesmente os reconheça sem deixá-los manifestar-se, eles não causarão nenhum mal. As vítimas de sua raiva nunca vão saber o que você está sentindo e a racionalidade logo vai voltar.

Às vezes a raiva é menos lógica ainda. Você pode sentir raiva porque o sol está brilhando, porque os pássaros estão cantando ou porque as flores são belas. Lembro-me de uma jovem me contando achar que estava ficando louca, porque pessoas "normais" não têm esse tipo de pensamento. Mas pessoas normais recentemente enlutadas muitas vezes sentem essas coisas. Quando você percebe que essa é apenas mais uma parte do processo de luto, tem mais condições de aceitar que não há nada de errado com você e que esse é só mais um sintoma que logo vai desaparecer.

CULPA

A culpa freqüentemente acompanha a morte. Pode surgir porque palavras infelizes, pelas quais a pessoa não pode mais se retratar, foram ditas no passado. A interação entre você e a pessoa que morreu pode ter sido amarga e hostil — pode até ter cessado por completo — e agora não há como reparar o mal. Se esse é o tipo de situação na qual você se

O luto 17

encontra, as técnicas para lidar com o passado, apresentadas no Capítulo 3, vão ajudá-lo.

De vez em quando, a culpa tem base mais profunda. Talvez você tenha sido de algum modo responsável pela morte. Você poderia estar dirigindo o carro que levou a um acidente fatal ou alguém morreu tentando salvar sua vida. Talvez você tenha tomado a decisão terrível de desligar uma máquina que mantinha a vida.

Vamos falar dessa última questão primeiro. Aí está algo que nunca é fácil, mas que só é aconselhável quando não há realmente nenhuma chance de recuperação do doente. Você está mostrando bondade, não crueldade — afinal de contas, uma existência que depende de bombas de oxigênio, tubos e manômetros e na qual não há indícios da verdadeira pessoa não é vida. Ninguém optaria por existir desse jeito. É provável que, no momento em que não resta mais nada a não ser um corpo funcionando por meio de máquinas, o espírito já se tenha ido, de modo que você não é realmente responsável pela morte.

O que uma morte desse tipo lhe dá é uma oportunidade de passar mais tempo com a pessoa cuja vida está terminando. Quer ela o entenda ou não, em um nível mais profundo, você vai ter a chance de tocá-la, de conversar com ela, de despedir-se.

E a culpa que surge porque você causou acidentalmente a morte de outro ser humano? Ninguém pode minimizar o horror que se sente, mas a morte é final e não há nada que se possa fazer a respeito.

Há quatro estágios principais para lidar com esse tipo de culpa:

- Pense na sua intenção naquela hora. Se o evento foi de fato um acidente, você sabe que não pretendia machucar ninguém. Isso não vai trazer a pessoa de

18   *Luto*

volta, porém vai tornar mais fácil para você conviver consigo mesmo.

- Faça reparações, se for possível. Certamente é tarde demais para ajudar a vítima, mas talvez haja alguma coisa que você possa fazer por ela ou por sua família, ou em nome dela, de modo que algum bem possa resultar de um evento trágico.

- Aprenda com o acontecimento. Mesmo que tenha causado uma morte acidentalmente, talvez haja alguma forma de modificar seu comportamento no sentido de tentar garantir que uma coisa dessas nunca mais aconteça.

- Toque sua vida para frente. Você talvez nunca esqueça o que aconteceu, mas o sofrimento vai ficar mais fácil de suportar. Você não vai ajudar a si mesmo, nem à pessoa que morreu, nem a ninguém remoendo o assunto ou permitindo que ele afete de maneira adversa sua personalidade ou comportamento durante anos a fio.

No entanto, é freqüente a culpa sentida depois da morte de um ente querido não ter lógica. Tendemos a remoer as trivialidades da vida: "Se pelo menos eu tivesse feito isso", pensamos, ou "Se pelo menos não tivesse dito aquilo...".

Margot não era louca por cinema e achava os musicais particularmente chatos. Sua mãe, contudo, os adorava e, quando *A Noviça Rebelde* entrou em cartaz no cinema do bairro pouco antes do Natal, pediu à filha para ir com ela. Toda vez que o assunto vinha à baila, Margot inventava uma desculpa para não ir e, por fim, a mãe foi com uma vizinha ver o filme.

Algumas semanas depois a velha senhora morreu subitamente e Margot, que adorava a mãe, foi tomada pela tristeza. Depois do enterro, descobriu que estava ficando extremamente deprimida; ela me disse que só conseguia pensar na sua recusa. E ir ao cinema com sua mãe teria sido tão simples e teria lhe proporcionado um grande prazer.

Expliquei a Margot que a culpa é uma parte natural do luto e uma parte pela qual todos temos de passar. O fato de estar se apegando a uma questão tão trivial só servia para provar que ela tinha sido uma filha boa e amorosa, sem grandes motivos para se censurar. Sua mãe sabia que ela não gostava de musicais e não se privara — seja como for, tinha ido ver o filme —, de modo que Margot poderia se permitir esquecer a culpa e concentrar-se nos muitos momentos felizes que ela e a mãe tinham passado juntas.

MEDO

Não há nada como a morte de alguém próximo para nos deixar extremamente conscientes de nossa própria mortalidade. Até você entrar em contato íntimo com a morte, morrer sempre parece algo que acontece com os outros — e mesmo assim só quando estão muito velhos.

Um pouquinho de medo saudável não é algo ruim se evita que você ande a 120 quilômetros por hora nas rodovias ou adquira o vício de fumar, beber álcool e usar drogas. Só que precisa ser mantido nas devidas proporções. Sim, você vai morrer, e eu também — essa é a única certeza que temos. Mas todos nós podemos escolher o que fazer com o tempo entre o momento presente e esse acontecimento, seja lá quando for. Podemos viver em estado de apreensão ou viver cada dia tal como se nos apresenta, da melhor maneira possível. Se tudo quanto você vai fazer é ficar sentado se preocupando com o momento em que o fim virá, não faz diferença nenhuma se desistir agora. Na verdade, algumas pessoas que parecem aproveitar cada dia ao máximo são aquelas que sabem que não têm muito

20   *Luto*

tempo de vida, ou aquelas que já tiveram uma experiência de quase-morte.

Uma de minhas pacientes teve uma recuperação completa depois de uma doença gravíssima, à qual pensavam que ela não sobreviveria. Essa mulher agora tem consciência do quanto cada dia pode ser precioso e belo e tenta fazer algo positivo todos os dias de sua vida. Exatamente como nós, ela sabe que um dia vai morrer, mas, como diz: "Vou *viver* realmente muito bem até esse dia chegar".

Portanto, aceite que é natural sentir um pouco mais de medo do que o normal quando tiver algum contato próximo com a morte. No entanto, depois você deve pôr esse medo de lado e viver cada um dos dias de sua vida.

ALÍVIO

Se a pessoa que morreu sofreu durante algum tempo, qualquer que tenha sido sua duração, ou se era óbvio que ia sofrer, você pode ter uma sensação de alívio por essa vida ter terminado. Não é uma emoção que deva fazer você sentir culpa ou vergonha; é um pensamento altruísta e mostra que está pensando nas necessidades do outro antes de pensar nas suas.

Se grande parte da carga de cuidar dessa pessoa recaiu sobre seus ombros, você pode sentir também outro tipo de alívio — o alívio de uma existência fisicamente esgotante e emocionalmente extenuante. Aceite que sentir isso também é natural. Você sabe que, se a pessoa tivesse continuado a viver, você teria continuado a fazer o melhor possível por ela. O que você fez em nada é diminuído porque agora sente alívio por ter sido liberado dessas tarefas.

IMEDIATAMENTE DEPOIS DE UMA MORTE

Depois que o enterro termina, a família e os amigos vão embora, você percebe que a vida tem de continuar — mas não sabe muito bem como. Porém há vários passos que você pode dar.

Cuide de si mesmo

Como há uma quantidade enorme de tensão ao enfrentar a morte, você pode ficar muito vulnerável a pequenos problemas de saúde. Não há como eliminar a tensão de uma situação dessas, mas é preciso fazer tudo o que puder para evitar que essa tensão tenha efeitos perniciosos sobre você. Portanto, procure estabelecer uma rotina de cuidados com a saúde — mesmo que não sinta muita vontade.

Alimentação

Provavelmente você vai se sentir pouco inclinado a comer muito, de modo que, quando se alimentar, verifique se o que está comendo é de fácil digestão e algo de que gosta. Se sabe que sua dieta não é bem equilibrada, está na hora de tomar algumas vitaminas e suplementos minerais para compensar.

Sono

As pessoas tendem a reagir de uma destas duas formas depois de uma morte — ou acham extremamente difícil conciliar o sono, ou então dormem o tempo todo, como que tentando se fechar para as realidades do mundo.

Não se preocupe se o sono não vier facilmente nos primeiros dias, mas, se o problema persistir, pergunte-se se está fazendo tudo o que pode para se ajudar. Use todos os métodos comprovados de induzir o sono — uma bebida quente, um banho relaxante, uma rotina regular imediatamente antes de ir para a cama. Se o sono continuar fugindo, pratique uma rotina de relaxamento profundo na cama. Quando estamos realmente relaxados, o pulso e os batimentos cardíacos ficam mais lentos e a pressão sangüínea cai — exatamente como quando estamos dormindo. Se combinar seu relaxamento com uma visualização básica (que pode ser tão simples quanto imaginar uma caminhada agradável pelo campo ou pela praia), você também reduzirá a tensão mental.

Exercícios

Há uma tendência mais ou menos generalizada, logo depois da morte de alguém, de ficarmos sentados e fazermos o mínimo de coisas possível. Se é assim que você se sente, permita-se ficar assim durante os dois ou três primeiros dias, mas, depois disso, procure mexer-se. É pouco provável que sinta vontade de começar uma rotina de exercícios, a menos que seja algo que sempre tenha feito, de modo que o mais fácil é programar um horário para uma caminhada, de preferência bem vigorosa, ao longo do dia.

Aumentar a quantidade de exercício que você faz pode servir para muitas coisas. No plano físico, vai melhorar a circulação, estimular o coração e limpar o corpo. Desde que não se imponha ir além dos seus limites, quaisquer que sejam, é bem provável que volte para casa de sua caminhada sentindo-se mais animado do que exausto. Psicologicamente, isso é bom, além do fato de começar a se relacionar com o mundo externo mais uma vez; quanto mais tempo passar fechado em casa, tanto mais difícil pode ser dar esses primeiros passos para fora da porta da rua.

Mantenha sua rotina

Quanto antes você voltar à sua rotina, tanto melhor. Vai haver dias, mesmo por algum tempo depois, em que você vai se sentir muito infeliz ou sozinho. Se, quando esses dias chegarem, você já tiver restabelecido sua rotina pessoal, vai ser mais fácil manter-se de pé. E só o fato de fazer as coisas que sempre fez logo irá trazê-lo de volta à sensação de viver no presente.

Lembre-se de que deve ser a *sua* rotina, e não uma adaptação daquela que você tinha junto com a pessoa que morreu. Lembre-se também de que ela não tem de se constituir somente das tarefas que precisam ser feitas — não há nada de mal em reservar um tempo para si mesmo e fazer algo pelo simples motivo de lhe dar prazer.

Mantenha o equilíbrio

Se você acabou de perder alguém a quem ama, é claro que vai querer pensar nesse alguém. Isso não é apenas compreensível —, é a coisa certa a fazer. E se pensar nesse alguém fizer você chorar, também está certo. Não seria saudável tentar se obrigar a pensar em outras coisas o tempo todo, e é uma idéia muito boa introduzir essa "hora da saudade" em sua rotina diária. Dê a si mesmo um certo tempo todos os dias para se sentar e pensar na pessoa que morreu — mas procure fazer isso de forma positiva, lembrando-se de seus pontos fortes e dos momentos felizes que passaram juntos. Talvez ajude olhar um álbum de fotografias ou ouvir uma de suas músicas prediletas. No começo você pode chorar muito, mas as boas lembranças vão acabar se sobrepondo às ruins. E é muito mais fácil lidar com as lembranças que você escolhe do que com as que o pegam de surpresa ao longo do dia.

24   *Luto*

Embora as lembranças sejam boas e tenham vindo para ficar com você, não caia na armadilha de tentar fazer de sua casa uma espécie de relicário. Conheço algumas pessoas — e é mais freqüente as mulheres fazerem esse tipo de coisa — que deixam tudo arrumado como se a pessoa que acabou de morrer estivesse prestes a voltar. Fazer isso é recusar-se a encarar a realidade e não é nada bom. Tenha cuidado para não fazer o que uma de minhas pacientes fez. Quando seu adorado pai morreu, ela manteve o casaco dele pendurado no cabide da sala e seu cachimbo com fumo na mesa ao lado de sua cadeira favorita. Seu quarto de dormir dava a impressão de que ele tinha acabado de sair para trabalhar — ela não permitia que se tocasse em nada. No dia do casamento de seu filho, ela chegou a entrar no quarto e colocar o terno do pai em cima da cama, como se ele fosse participar da cerimônia.

Ninguém está sugerindo que você entre no quarto de uma pessoa no dia seguinte à sua morte e tire tudo de lá, como se ela nunca tivesse existido. É claro que você vai querer deixar algumas lembranças por ali — aquele presente especial ou um objeto de particular valor sentimental. Mas é realmente importante aceitar a verdade da situação assim que se sentir em condições, e procurar um equilíbrio entre agir como se a pessoa estivesse prestes a voltar e agir como se ela nunca tivesse existido.

Converse

É bom conversar sobre alguém que morreu recentemente se você sentir que precisa — e a maioria das pessoas precisa. Amigos e familiares provavelmente seguirão seus passos todas as vezes que o assunto vier à baila. Eles vão querer ajudar e lhe dar apoio, mas podem hesitar em tocar no assunto eles mesmos, para não fazer você sofrer.

Se você não se sentir em condições de conversar com os amigos, talvez prefira entrar em contato com uma das muitas instituições destinadas a ajudar pessoas em sua situação. Qualquer que tenha sido a sua perda — se você enviuvou, sofreu uma perda por causa de uma determinada doença, perdeu um dos pais, um filho ou um amigo querido —, vai encontrar um grupo de pessoas que passou pela mesma experiência e que, por isso, entende o que você está sentindo e pode realmente ajudá-lo.

Inclua lembranças felizes em suas conversas. Celebre a vida da pessoa que se foi em vez de lamentar sua morte. Muitas religiões têm formas diferentes de incentivar exatamente isso. Depois de uma morte, amigos e familiares se reúnem em torno do falecido para o que parece quase uma festa. Hoje em dia, muita gente prefere que o serviço fúnebre seja uma celebração e uma ação de graças pela vida da pessoa que morreu em vez de uma ocasião de tristeza e melancolia.

No começo pode ser difícil acreditar, mas lhe garanto que virá o dia em que as lembranças espontâneas serão dos momentos felizes, e não dos tristes — mesmo que você não perceba a mudança. Depois que meu pai morreu, há alguns anos, sempre que eu pensava nele, a imagem que me vinha à mente era dele velho e doente. Um dia, porém, percebi que tinha pensado nele com a aparência que tinha por volta dos quarenta anos, quando fazíamos longas caminhadas juntos. Não sei quando aconteceu a mudança, mas sei que percebê-la foi um grande conforto para mim, e continua sendo.

LEMBRE-SE...

- É importante reconhecer e enfrentar as emoções que você sente quando perde alguém de quem gostava.

26 *Luto*

Entre elas estarão — e devem estar: a tristeza, a raiva, a culpa, o medo e o alívio.

- Cuide de si mesmo. Evite tanto quanto possível os efeitos perniciosos da tensão e do sofrimento, sendo razoável em relação a comida, sono, relaxamento e exercícios.
- Restabeleça uma rotina. Inclua tempo para pensar na pessoa que você perdeu, mas procure pensar nas lembranças felizes dos bons tempos.
- Mantenha o equilíbrio entre agir como se a pessoa que morreu nunca tivesse existido ou transformar sua casa em um relicário.
- Converse com os familiares e amigos ou procure um grupo de auto-ajuda, ou terapeuta.
- Dê graças pela vida da pessoa que você perdeu em vez de ficar remoendo seus últimos dias.

CAPÍTULO 2

E depois?

Muita gente tem tanto medo de pensar na morte e em qualquer coisa ligada a ela que, com certeza, não vai pensar nem um minuto no que acontece depois. É quase como se o simples fato de pensar no evento pudesse apressá-lo. Isso é tão absurdo quanto se recusar a fazer um testamento para não morrer antes da hora.

Creio que é importante, por muitas razões, parar e pensar no que você acha que acontece depois da morte. Ajuda muito a tornar um luto futuro mais fácil de suportar quando você acredita que sabe para onde a pessoa está "indo". Também poderá tornar mais fácil lidar com a idéia da própria morte. Como no caso do testamento já feito, que pode ser colocado em um lugar seguro e no qual não é preciso pensar mais, assim que você chegar à uma conclusão adequada à sua própria visão de mundo, o que acontece posteriormente torna-se muito parecido com uma realidade aceita, como o fato de o verão se seguir à primavera. Você pode colocar essa realidade de lado, numa gaveta bem alta no fundo de sua consciência mas, quando chegar a hora de tirá-la de lá e examiná-la, ela vai estar pronta, à sua espera — o que é muito melhor do que ficar se debatendo, sem saber o que está acontecendo.

É claro que sua visão de mundo e suas crenças podem mudar de tempos em tempos em função do que você vê,

28   *Luto*

ouve ou sente, mas acho benéfico em qualquer momento saber qual é a sua maneira de ver a morte e o que vem depois dela. Assim como seu testamento pode ser alterado à medida que sua situação econômica muda, sem ter estado realmente errado quando você o ditou pela primeira vez, suas crenças também podem mudar à medida que você passa pela vida, sem que suas idéias anteriores tenham sido erradas.

Qualquer que seja a razão, não nos é dado conhecer e entender exatamente o que nos acontece depois que morremos — embora muita gente tenha idéias pessoais firmemente estabelecidas. À medida que crescemos e nos desenvolvemos, temos de descobrir a crença que se harmoniza conosco — uma crença que nos sentimos em condições de aceitar, uma crença com a qual nos sintamos felizes. E não cabe a mim dizer que crença é essa. Com tantas pessoas sábias e boas chegando a conclusões diferentes, trata-se obviamente de algo que temos de escolher por conta própria.

Escolher por conta própria tem, em minha opinião, mais valor do que seguir cegamente os preceitos religiosos — quaisquer que sejam — que lhe foram inculcados na infância. É claro que pode acontecer de sua conclusão ser a de concordar inteiramente com esses preceitos — o que é ótimo porque você terá pensado neles, pesado as variáveis e tomado a decisão consciente de concordar.

Quando Andrew estava na universidade, não tinha nenhuma crença religiosa. Na verdade, criticava os outros pela aceitação cega de idéias que lhes eram impostas. Acreditava que, após a morte, — nada mais acontecia e não havia nenhum tipo duradouro de consciência, nenhum espírito a ser considerado. À medida que foi ficando mais velho e teve sua própria família, Andrew surpreendeu-se tornando-se cada vez mais aberto e disposto a aceitar (ou

E depois? 29

querendo) que pudesse realmente haver algum tipo de vida depois desta.

A verdadeira mudança de sua visão de mundo veio anos mais tarde, quando sua mãe se encontrava no hospital, algum tempo após a morte de seu pai. Ela sofrera uma cirurgia importante e o médico disse a Andrew que era bem provável que não sobrevivesse. Durante três semanas, parecia que a previsão do médico se realizaria e Andrew nunca estava tranqüilo, sempre à espera do temido telefonema do hospital. Mas, na quarta semana, a velha senhora parecia ter começado a se reanimar. Sentava-se numa cadeira, comia normalmente e conversava na maior animação com os filhos e os netos. Estava tão melhor que os médicos resolveram mandá-la para outro lugar, para um período de convalescença, depois do qual poderia voltar para casa.

Certo dia, Andrew foi visitar a mãe como de costume e conversou sobre o fato de ela estar indo para uma casa de convalescença. Sorrindo, ela sacudiu a cabeça. "Oh, não," disse. "Não vou a parte alguma. Seu pai esteve aqui a noite passada e eu vou para junto dele." Morreu pacificamente durante o sono no dia seguinte.

Quer você opte ou não por aceitar os ensinamentos de uma determinada religião, não há dúvida de que o ritual e as cerimônias que fazem parte do período imediatamente posterior à morte podem ser de grande ajuda e conforto para as pessoas enlutadas. Há alguma coisa tranqüilizadora em saber o que se espera que você faça e em seguir um esquema estabelecido há muito tempo — seja acender velas, recitar orações, cantar ou agir de alguma outra forma predeterminada. É claro que você pode fazer isso, mesmo que não tenha nenhuma fé em particular. Tendo em mente que o importante é o simbolismo, você pode selecionar por conta própria uma forma de celebrar a vida de alguém que perdeu. Um amigo meu sempre planta um

30 *Luto*

arbusto quando morre alguém de quem gosta; uma amiga faz uma doação à sua instituição de caridade predileta. Não importa o que você faça, desde que saiba, no fundo do coração, qual o motivo daquela ação e desde que ela o ajude a se lembrar com amor da pessoa que morreu e possibilite a você pensar nela de forma positiva e alegre.

Há os que dão o presente supremo de permitir que os órgãos da pessoa que perderam sejam usados para dar vida a outros. Uma de minhas pacientes, Angela, contou-me o quanto ela e o marido ficaram desnorteados quando sua filhinha adorada morreu em um acidente rodoviário, com apenas dez anos. Nada conseguia amenizar sua tristeza e sofrimento além de saber que as córneas da menina tinham devolvido a visão a dois cegos e que outras pessoas puderam levar uma vida normal por terem recebido seus rins e seu coração, fazendo-os acreditar que, por mais dolorido que fosse, havia um sentido na morte da filha.

Foi uma sorte que, nesse caso em particular, Angela e seu marido tenham discutido suas opiniões sobre doação de órgãos e concluído que eram a favor. É óbvio que estavam pensando na possibilidade de suas próprias mortes ao conversar a respeito — ninguém espera que o filho morra antes dos próprios pais —, mas o fato de já terem pensado no assunto tornou mais fácil e mais natural concordarem com a doação quando a equipe médica os abordou na época da tragédia. Mais fácil do que teria sido se nunca tivessem tocado no assunto.

Achar que seus órgãos ou de seus familiares devam ser usados dessa forma é uma conclusão que cabe inteiramente a você e às pessoas envolvidas. Mas, sejam quais forem suas opiniões, é bom conversar a respeito, porque assim você sabe qual é a situação e não se depara com uma decisão difícil em um momento que já é extremamente aflitivo. Como no caso do testamento, depois de discutido e tomadas

E depois?   31

as decisões, todo esse assunto pode ser "posto de lado" até o momento em que se fizer necessário retorná-lo.

É provável que haja muitas visões diferentes sobre o que acontece conosco depois da morte, mas elas tendem a se enquadrar em três categorias principais.

NÃO HÁ NADA DEPOIS

Talvez você prefira acreditar que esta vida é tudo quanto existe e não há absolutamente nada depois. Quando morremos — acabou!

Segue-se daí que a pessoa que morreu não pode estar sofrendo de nenhum modo — físico, mental, emocional ou espiritual — e isso pode tornar as coisas mais fáceis para os que ficam. Como não existe ser vivo que não tenha algum tipo de sofrimento e de problemas, grandes ou pequenos, e como esse sofrimento e esses problemas não podem existir se não há absolutamente nada após a morte, a pessoa que morreu deve estar em uma situação melhor do que quando viva. Uma vez que se aceite esse conceito, depois do período inicial de sofrimento, quando choramos por nós e pelo ente que perdemos, não há mais nada a lamentar.

VIDA DEPOIS DA MORTE

Mesmo entre os que acreditam firmemente que existe vida após a morte, há muitas idéias diferentes a respeito do que vem a ser essa vida. Alguns afirmam que, quando morremos, vamos viver com Deus (embora as diferentes religiões tenham terminologias diferentes) ou com Jesus. Alguns acham que existe realmente um céu e um inferno e que somos mandados para o lugar onde merecemos estar para passar o resto da eternidade, colhendo os frutos positivos ou nega-

32   *Luto*

tivos de nossos pensamentos e ações na Terra. Outros ainda acreditam que existe um outro mundo onde nossa alma ou espírito vai viver.

Seja qual for sua crença, ela pode dar-lhe um grande conforto quando estiver enlutado. Em primeiro lugar, elimina a idéia de nunca mais ver ou estar de novo com a pessoa que você amou. Ainda que tenha de esperar anos, vocês vão se reunir outra vez em algum momento futuro.

Quanto a mim, não me sinto completamente convencida da existência de um "céu" e um "inferno" tradicionais à nossa espera depois desta vida. Acho a idéia de um "forno abrasador" difícil de aceitar e tendo a achar que deparamos com as conseqüências de nossos erros nesta vida mesmo (ou talvez em uma vida futura — falaremos disso com mais detalhes adiante).

Há muitos casos de "experiências de quase-morte" e de pessoas que "morreram" temporariamente — às vezes numa mesa de cirurgia — para acabarem revivendo momentos depois. Para mim, os casos são muitos para serem apenas fruto da imaginação.

Quando George tinha setenta e dois anos, ficou doente e foi levado às pressas para o hospital, onde sofreu uma cirurgia importante. Os médicos disseram com o maior tato a seus familiares que não esperavam que ele sobrevivesse e, de fato, uma noite eles foram chamados a seu leito no hospital, pois acreditavam que sua hora final estava próxima.

Havia quatro idosos naquela ala, um dos quais devia ir para casa dali a alguns dias. Esse homem era um terapeuta ligado à doutrina espírita e, quando a família chegou ao hospital, encontraram-no sentado ao lado da cama de George olhando para ele. Sua única explicação foi que tinha acordado no meio da noite com a sensação de que George precisava dele.

E depois? 33

Para espanto da equipe médica, George reanimou-se naquela noite e cerca de duas semanas depois, estava suficientemente bem para voltar para casa. Porém, só alguns meses mais tarde ele contou à sua família a experiência que teve naquela noite.

George nunca acreditara em nada de natureza espiritual e com certeza não tinha condições de aceitar o conceito de cura espiritual. Ele disse que, na noite em questão, embora não estivesse inteiramente consciente, sabia, no fundo do coração, que ia morrer. Não se importava nem um pouco, pois havia estado tão doente que a morte lhe parecia um alívio bem-vindo, quer houvesse ou não alguma coisa depois.

Explicou que tinha tido consciência de estar entrando numa longa estrada rumo a uma luz distante e sabia que, quando alcançasse essa luz, tudo estaria bem. Estava no meio do caminho quando sentiu o que só poderia descrever como "alguém me segurando pela barra da camisa", e que isso o impedia de ir adiante. No fim, a força exercida sobre a "barra da camisa" tornou-se tão grande que conseguiu puxá-lo de volta e tirá-lo daquela estrada.

Bem, George havia estado inconsciente durante a noite toda e, naturalmente, seus olhos estavam fechados. Não tinha como saber que alguém estava sentado ao lado de sua cama e, com certeza, não tomou conhecimento do homem que era um terapeuta e estava tentando impedir que ele morresse — mesmo que nada tivesse feito fisicamente para "puxá-lo" de volta.

Embora não tenha entendido realmente o que lhe aconteceu, a partir daquela noite George passou a ter consciência de que existe uma força ou poder grande o bastante para curar. Também ficou convencido de que existe um lugar para onde se vai depois da morte, pois *sabia* que a estrada que estivera percorrendo levava a algum lugar. Não tinha a menor

34   *Luto*

idéia de como esse "lugar" poderia ser — na verdade, nem estava querendo realmente saber. Mas contou à família que sabia que era um lugar bom, porque se sentiu muito feliz ao se dirigir para lá e bastante ressentido no momento em que estava sendo trazido de volta.

George viveu cerca de dois anos depois desse incidente, antes de sofrer o ataque cardíaco que o mataria. Conheço sua viúva e ela me disse que, embora tenha ficado naturalmente arrasada quando o marido morreu, sua morte ficou muito mais fácil de suportar quando ela se lembrou de que ele estava tomando a estrada em direção um lugar para onde queria ir. Também concluiu que, se a estrada existia para George, era de se supor que também existisse para ela, e que o veria de novo quando chegasse a hora.

Muitas vezes, uma experiência de quase-morte ou de morte temporária pode mudar dramática e permanentemente a vida da pessoa que passou por ela.

Vanda estava com seus trinta e poucos anos quando foi para o hospital para o que deveria ser uma cirurgia relativamente simples. Contudo, houve uma complicação grave e, quando voltou ao quarto e estava deitada na cama, ela "morreu" de verdade durante um minuto e meio. Todos os sinais de vida deixaram de se manifestar; a equipe médica trouxe o equipamento de emergência e conseguiu fazê-la voltar à vida.

Quando Vanda, algum tempo depois, descreveu o que lhe aconteceu, explicou que sentia uma dor violenta, quando estava deitada na cama. No entanto, assim que "morreu", deixou de sentir qualquer tipo de dor — na verdade, sentia-se quente, confortável, semi-eufórica. Ao mesmo tempo, teve a sensação de sair do corpo e flutuar em algum lugar acima dele. Olhando para baixo, podia ver seu corpo na cama e as enfermeiras e os médicos trabalhando para trazê-la de volta à vida. Quando finalmente

E depois? 35

conseguiram e ela voltou ao corpo, sentiu outra vez aquela dor extrema de antes.

Alguns dias depois, tentou descrever a experiência para o médico, que simplesmente sacudiu a cabeça numa negativa e murmurou algo como "falta de oxigênio no cérebro". Mas Vanda me disse depois, se a medicina tinha uma explicação simples para o que aconteceu, como explicar o fato de ela ser capaz de contar várias coisas que aconteceram enquanto estava tecnicamente morta?

As cortinas tinham sido puxadas em volta de seu leito hospitalar e ela própria estava inconsciente; no entanto, de sua posição acima do corpo, Vanda viu a hora exata no relógio que ficava no alto da parede, no fim da ala, no momento em que a senhora do último leito recebia um buquê de flores amarelas. Ela conseguiu confirmar ambos os fatos mais tarde.

Vanda recuperou-se inteiramente, mas sua vida mudou por completo. A partir daquele momento, ela resolveu explorar e investigar o que acontece depois da morte. Tornou-se espírita e chegou a se tornar uma médium importante, dando provas e conforto a centenas de pessoas enlutadas.

Apesar de sabermos que ninguém pode provar exatamente o que acontece depois que morremos, as experiências de Vanda fazem muito sentido para mim e se somam a teorias e explanações que me foram dadas por outras pessoas que acreditam no Além.

Em resumo, podemos imaginar assim o progresso do espírito: quando o ser humano morre, o corpo, já não tendo serventia para o espírito, é deixado para trás. Na maioria dos casos, em vez de ir imediatamente para onde deve ir, o espírito continua ligado à Terra, em geral durante uma semana ou mais. Isso acontece porque ele ainda sente amor e preocupação por aqueles que deixou e fica ansioso para ver se as pessoas estão se saindo razoavelmente bem

36   *Luto*

antes de se sentir em condições de continuar seu caminho. Depois que o espírito se assegura de que, mesmo que ainda estejam tristes, as pessoas enlutadas estão conseguindo reunir as peças de sua vida, sente-se livre para continuar sua jornada de aprendizagem e evolução.

Ele volta a estar perto da pessoa ou pessoas que deixou, sempre que sente haver necessidade — talvez quando uma certa data desperta a tristeza, talvez quando elas precisam de consolo ou até para partilhar um momento de alegria com uma boa notícia.

Para mim, isso faz o maior sentido. Quando você aceita que existe outra vida além desta, por que alguém que ama você aqui deixaria de amar só porque você não pode mais vê-lo? Você não deixou de amá-lo e estou convencida de que o sentimento é recíproco.

Se você permitir, pode se surpreender tomando consciência da presença desse ser perto de você. Algumas pessoas sentem apenas que ele está próximo, enquanto outras têm evidências mais tangíveis, muitas vezes sob a forma de um perfume — um determinado perfume ou até o cheiro de tabaco associado a ele quando era vivo.

Pouco antes da morte de meu marido, estávamos trabalhando juntos em um livro. Ele já tinha escrito livros antes, mas, para mim, era a primeira vez. Quando ele morreu, resolvi continuar a obra — na verdade, como uma espécie de terapia —, mas é claro que eu tinha muito menos experiência e conhecimentos do que ele. Não posso provar a ninguém o que aconteceu, no entanto sei que houve momentos em que eu pretendia escrever uma certa frase (sou uma datilógrafa muito rápida) e, ao olhar para o papel, as palavras que apareciam eram totalmente diferentes. Tenho de reconhecer que eram sempre melhores do que minha idéia original, de modo que talvez fosse a forma pela qual meu marido estivesse se assegurando de

E depois? 37

que eu fizesse justiça a nosso trabalho! Seja qual for a razão, eu sabia que ele estava me ajudando, e isso foi um grande conforto para mim durante um período difícil de minha vida.

Como a pessoa que morreu ainda ama você e ainda se preocupa com você, não pare de conversar com ela. No começo, você pode sentir necessidade de fazer isso com bastante freqüência, porém é provável que se torne cada vez menos imperioso à medida que o tempo passa.

Você pode dizer as palavras em voz alta, mas talvez prefira pensá-las — eles vão ouvir em ambos os casos. Se não se sentir à vontade em estabelecer um contato dessa maneira, procure conversar com uma fotografia. De alguma forma, manter a imagem mental de seu ente querido e concentrar-se nela parece facilitar o contato. Você não vai receber uma resposta necessariamente — e, quase com certeza, não vai ser uma resposta imediata —, mas será ouvido. Portanto, continue partilhando seus pensamentos, alegrias e problemas do cotidiano com ele/ela, exatamente como faria se esse ente querido ainda estivesse com você fisicamente.

Lembre-se entretanto de que eles ainda têm sua própria evolução pela frente: procure não puxá-los de volta com freqüência excessiva. Se você ainda estiver chorando por ele ou visitando seu túmulo diariamente, alguns meses depois do falecimento, pode estar impedindo que ele vá em frente. Mostre-lhe o quanto o ama deixando que ele se vá — assim como uma mãe amorosa deixa os filhos irem embora de casa, por mais que queira que fiquem.

REENCARNAÇÃO

Algumas pessoas acreditam firmemente na teoria da reencarnação, ao passo que outras acham que essa idéia não

38 *Luto*

tem o menor fundamento — e até que se trata de um conceito blasfemo. Suspeito que a maioria das pessoas se encontre num ponto qualquer entre esses dois extremos. Trabalho muito com regressão a vidas passadas — portanto é óbvio que acredito. No entanto, não estou de forma alguma tentando convertê-lo a minhas crenças; só lhe peço para manter-se aberto e considerar a possibilidade.

A mim parece lógico que, se de fato evoluímos e progredimos à medida que passamos como indivíduos pela vida, é natural evoluirmos mais ainda à medida que passamos de uma vida para outra. Assim como a criança tem de conhecer as sílabas na primeira série antes de passar para a segunda (eu acho), o espírito também tem uma série de lições a aprender vida após vida. Porém, não acredito em predestinação. Como criaturas que pensam, tomamos nossas próprias decisões e conseguimos nossos próprios êxitos ou cometemos nossos próprios erros. Portanto, se fizermos tudo errado em uma vida, as mesmas lições estarão à nossa espera na próxima.

Suponha, por exemplo, que um espírito opte por aprender a não ser violento numa determinada vida. A oportunidade de se entregar à violência ou de se afastar dela será dada ao ser humano dentro do qual vive esse espírito — e é esse ser humano que toma a decisão sobre a forma de se comportar e deve aceitar as conseqüências.

Através da hipnose, desde o começo dos anos oitenta, ajudo pessoas a entrarem em regressão — e não estou sozinha, pois há muita gente trabalhando nesse campo. Há tantos casos em que a pessoa em regressão consegue dar detalhes precisos — nomes, datas, lugares etc. — sobre os quais não poderia ter conhecimento algum, que acho impossível dizer que a reencarnação não existe.

Há outras teorias, contudo. Jung acreditava numa memória ancestral com a qual todos poderíamos nos conectar de vez em quando. Outros acreditam que, sendo o tempo

E depois? 39

um conceito exclusivamente humano, tudo está acontecendo *agora* e aqueles que afirmam ver o passado ou o futuro são apenas mais capazes do que o resto de nós de ver através do "véu" que separa os tempos.

Reconheço a existência dessas teorias, mas elas não levam em consideração a evolução espiritual que acredito existir. Quando faço regressão a vidas passadas como parte de uma terapia, freqüentemente é possível ver uma progressão definida de uma vida para outra, o que costuma ajudar o paciente quando se trata de tomar decisões ou resolver problemas do presente.

Embora fosse maravilhoso se todos pudéssemos fazer tudo certo logo na primeira vez, é muito bom saber que, se fizermos tudo errado, podemos voltar e tentar de novo.

Às vezes, passar por regressão a uma vida passada não parece nos fazer avançar muito em nossa evolução pessoal. Nesses casos, talvez o sentido da experiência seja fazer o indivíduo se abrir para as possibilidades espirituais que antes não levava em conta.

Dominic foi inteiramente honesto comigo. Estava interessado em fazer regressão a uma vida passada por pura curiosidade. Não sabia muito bem se acreditava ou não em reencarnação, porém queria saber mais. Disse-lhe que tudo quanto eu pedia era que se mantivesse aberto em relação ao tópico e não bloqueasse o que estávamos fazendo — com o que ele concordou.

No início Dominic ficou um pouco decepcionado com a existência anterior que descobriu. Tinha sido um mercador "comum" que levou uma vida "comum" no final do século XVIII. Parecia não haver nada de dramático ou de significativo nos fatos que descobriu.

Durante a regressão, ele me descreveu com muitos detalhes uma aldeia da costa sul da Inglaterra, onde disse ter passado grande parte de sua vida e onde havia morrido. Quando discutimos o assunto depois, nem ele nem eu

40 *Luto*

jamais havíamos ouvido falar daquela aldeia. No entanto, algum tempo depois, ele me telefonou e disse que tinha sentido necessidade de viajar para a costa sul para ver se poderia encontrar "sua" aldeia. Não teve muito êxito no começo, mas, sentado num bar local, certa noite, entabulou conversa com dois velhos que viviam ali. Sem mencionar a razão de sua busca, Dominic fez perguntas sobre a aldeia a esses homens e eles lhe disseram que seu nome tinha sido mudado há cerca de meio século. No dia seguinte, ele viajou para onde acreditava que a aldeia se situava e ficou espantado por encontrá-la um pouco mais desenvolvida do que se "lembrava", embora pouco mudada. Mais tarde, naquele mesmo dia, saiu perambulando até a igreja local e descobriu uma placa de pedra em memória de alguém que tinha o mesmo sobrenome que ele afirmava ter tido naquela vida anterior. A julgar pelas datas da placa, a pessoa homenageada devia ser seu pai ou algum parente de sua geração.

Portanto, embora aquela vida relativamente insípida não tenha revelado a Dominic muito sobre si mesmo, convenceu-o de que as vidas passadas são uma realidade e com isso mudou sua forma de pensar — e talvez seu futuro — para sempre.

Ao contrário de Dominic, a regressão de Lorraine foi feita como parte de um tratamento para claustrofobia. Atualmente, é perfeitamente possível tratar e curar a claustrofobia por meio da hipnose sem ser necessário descobrir a raiz do problema. Mas eu sempre ofereço a opção da regressão a meus pacientes e Lorraine estava ansiosa para descobrir por que a fobia tinha surgido.

Em uma vida passada, Lorraine me disse ter sido membro de uma ordem religiosa que lutava para sobreviver numa época de muita perseguição. Quando a violência se voltou contra a ordem, Lorraine e as outras freiras foram

E depois?   41

capturadas. Deram-lhes a opção de negar sua fé e com isso salvar a vida, mas todas se recusaram.

O castigo pela desobediência era ser emparedada viva, e esse foi o destino de toda a irmandade. Não é de admirar que Lorraine tenha carregado consigo o temor a espaços fechados.

Nesse exemplo particular, por causa da força da fé da pessoa que Lorraine foi naquela vida anterior, ela não havia sentido nenhum terror particular na hora da morte. Sua religião deu-lhe uma calma e uma serenidade que tornou tudo suportável. Mas é evidente que existem outros casos em que uma vida (ou morte) foi particularmente difícil, e eu gostaria de lhe assegurar que em momento algum se permite à pessoa que está fazendo regressão sentir qualquer tipo de sofrimento — físico, mental ou emocional — se ela não quiser. Há técnicas conhecidas por todo hipnoterapeuta eticamente bem formado, que pratica a regressão a vidas passadas, para assegurar que o paciente seja capaz de observar e descrever um evento terrível sem sentir mais angústia do que você sentiria agora se me falasse da ocasião em que ralou os joelhos quando tinha dez anos. É por essa razão que é importante lembrar que a regressão não é uma brincadeira e só deve ser feita por pessoas treinadas profissionalmente.

Você pode se perguntar como é possível combinar as duas crenças — de vida após a morte e de reencarnação. Entretanto, não parece haver conflito algum nisso.

Descobri — e aqui, evidentemente, só posso falar a partir de minha experiência no campo, pois não tenho nenhum meio de lhe provar — que parece ser necessário um intervalo de setenta anos entre o momento em que um espírito deixa um corpo e o momento em que entra noutro. A exceção a essa regra é quando um indivíduo não sobrevive ao que teria sido um período normal de vida numa determinada era. Talvez tenha havido uma morte prematura causada por doença, ferimentos ou acidente. Nesses casos,

42 *Luto*

o espírito retorna mais depressa, como que para "terminar" o que estava acontecendo naquela vida.

Mas como isso se harmonizaria com o conceito de vida após a morte em "outro mundo"? Se você já ouviu um médium espírita dando provas de sobrevivência, deve ter notado que quase todos os que foram contatados no mundo espiritual faziam parte de uma ou duas gerações anteriores — raramente mais que isso. E isso está de acordo com a nossa maneira de ser. A maioria de nós se envolve muito com os entes queridos da mesma idade. Também sentimos laços de amor extremamente fortes em relação a nossos filhos. Quando se trata dos netos, embora os amemos, o sentimento costuma ser menos intenso e isso se aplica mais ainda aos bisnetos. Podemos dizer que os amamos — e estamos falando sério —, porém eles estão muito mais distantes de nós do que nossos filhos.

Portanto, parece natural que queiramos estar rodeados por nossos cônjuges, nossos filhos e possivelmente nossos netos. Contudo, na época em que nascem nossos bisnetos, existem outras pessoas capazes de estar muito mais perto e de ser muito mais úteis a eles. Desse modo, depois de duas ou três gerações — isto é, depois de cerca de setenta anos — o espírito está pronto para continuar sua jornada evolutiva e nascer em outro corpo.

Seja o que for que você acredite que acontece após a morte, a conclusão é a mesma. Por causa da pessoa que morreu, por causa daqueles que sobreviveram e, o mais importante de tudo — por sua causa —, só existe um curso de ação apropriado. Aceite que você chora por si mesmo e que não há nada de errado nisso. Depois — lembrando-se de que você pode chamar a pessoa que perdeu sempre que sentir necessidade e pode conversar com ela na hora que quiser —, faça tudo o que puder para deixá-la ir embora, para que possa se envolver com o estágio seguinte de sua evolução, seja ele qual for.

CAPÍTULO 3

As questões pendentes

Um dos sentimentos mais comuns depois da morte de alguém próximo é a tristeza pelo fato da interação entre vocês dois não ter se completado de algum modo. "Se ao menos...", dizem as pessoas. "Se ao menos eu tivesse dito a ele que o amava..." "Se ao menos não tivéssemos tido uma briga da última vez em que nos vimos..." Se ao menos eu lhe tivesse feito uma visita quando tive vontade..." Todos esses "se ao menos" — e muitos outros — aumentam a culpa, a tristeza ou o desconsolo da pessoa enlutada.

Mas a vida não é feita de compartimentos limpos e bem-arrumados. Nem toda situação chega a uma conclusão precisa e formal e nós, seres humanos, não somos robôs computadorizados, incapazes de realizar uma nova tarefa enquanto não tivermos terminado completamente a que estávamos fazendo antes. A vida de muita gente é tão cheia que muitas vezes simplesmente não é possível cuidar de tudo — e, por isso, há ocasiões em que só acordamos quando já é tarde demais.

Mesmo os que têm a vantagem (desse ponto de vista) de saber que alguém está prestes a morrer e que por isso é essencial conversar com a pessoa, fazer as pazes com ela ou lhe dizer o que sentem, muitas vezes parecem pensar que podem fazer tudo isso "amanhã". Só que um dia eles não têm mais amanhãs.

44   *Luto*

Há quatro categorias principais na esfera das "questões pendentes", e são as seguintes:

- Coisas feitas
- Coisas que não foram feitas
- Coisas ditas
- Coisas que não foram ditas

As várias "coisas" mencionadas podem ser positivas ou negativas. Uma pessoa pode lamentar palavras precipitadas, ditas num momento de raiva, enquanto outra vai se sentir culpada por não ter feito algum tipo de comentário. Uma pessoa pode acusar-se por ter falado mal ou mentido para o falecido no passado, enquanto outra pode se arrepender de não tê-lo ajudado mais em termos práticos. São muito poucas as pessoas que podem olhar para trás com tranqüilidade e dizer a si mesmas "Fiz e disse tudo o que devia".

No entanto, muitas vezes o ato (ou a falta dele) é muito menos significativo do que pensamos. É que a pessoa enlutada pode precisar de algo específico a que se apegar se quiser entender de algum modo os sentimentos de culpa que fazem parte do processo de luto.

James tinha começado a tocar seu próprio negócio numa cidadezinha do sul da Inglaterra, o que, evidentemente, o mantinha extremamente ocupado. Além disso, ele gostava de ficar com a namorada, assim como de jogar *squash* e nadar com alguns amigos que conhecia desde a época da faculdade.

De tantas em tantas semanas ele viajava para Yorkshire, onde seus pais viviam e, nos intervalos, telefonava-lhes para um bate-papo semanal. Em um desses telefonemas, sua mãe lhe disse que o pai estava com uma infecção na garganta e se sentindo mal. Ela achava que uma visita do filho seria muito boa para o marido, pois os dois se davam extremamente bem.

James prometeu ir visitar o pai assim que pudesse, mas os eventos pareciam conspirar contra ele. Seu ano financeiro chegou ao fim, de modo que os livros contábeis tinham de ser postos em ordem; o irmão da namorada casou-se e ele teve de ir à cerimônia; um de seus melhores amigos participaria das finais do campeonato local de pingue-pongue e James tinha prometido ir torcer por ele.

Não é que James não quisesse viajar e visitar os pais; apenas houve tantas outras solicitações que ele não teve tempo de sair. Por isso foi adiando a viagem, dizendo à mãe toda semana que iria assim que tivesse um fim de semana livre. E então, certa noite, ele recebeu um telefonema apavorado da mãe. O pai fora levado às pressas para o hospital depois de ter desmaiado em casa. James não teve tempo sequer de pegar uma sacola; pulou dentro do carro e partiu em viagem. Chegou ao hospital para ser recebido pela mãe em prantos, dizendo-lhe que o pai morrera minutos antes.

James ficou arrasado e, muito tempo depois do funeral, ainda se culpava por não ter visitado o pai antes. Seu arrependimento o levou a ampliar a enormidade do que tinha feito até chegar ao ponto de não pensar em outra coisa. Na época em que me procurou, não comia nem dormia direito e estava tendo dificuldade em se concentrar.

Levei James a passar por vários estágios durante nossas sessões de terapia. Se você estiver sofrendo da mesma forma depois da morte de alguém próximo — ainda que as circunstâncias reais tenham sido muito diferentes —, procure passar pelos mesmos estágios, pois eles podem ajudá-lo a ver as coisas sob uma luz mais realista.

46 *Luto*

1. EXAMINE A REALIDADE DA SITUAÇÃO

James não tinha cometido um crime. Não foi deliberadamente cruel com o pai. Ele não se sentou em frente da televisão e concluiu que não estava a fim de viajar para Yorkshire — tinha tido realmente muitas coisas importantes a ocupá-lo durante aquelas semanas. Além disso, ninguém tem como saber que o pai está prestes a morrer — tudo quanto se pensava era que ele tinha uma simples infecção de garganta, do tipo que em geral é curado rapidamente.

2. PERGUNTE A SI MESMO O QUE A OUTRA PESSOA TERIA ACHADO

Ponha-se por um momento na pele da pessoa que morreu. Em circunstâncias idênticas, o que ela teria achado de seu comportamento? No fundo de sua tristeza, James sabia muito bem que o pai o teria entendido perfeitamente. O jovem tinha demonstrado ser um filho amoroso e atento, que freqüentemente visitava os pais. Tinha razões concretas para achar difícil visitar o pai naquela época em particular, e essas razões eram muito compreensíveis. Nenhuma pessoa razoável ficaria ofendida por isso.

3. PENSE NAS COISAS BOAS

Olhe para trás, para o quadro geral de sua relação com a pessoa que morreu. Mesmo que, como James, você tenha seus arrependimentos, se a relação como um todo foi boa, não perca tempo se censurando. É melhor gastar esse tempo lembrando-se dos momentos felizes juntos.

As questões pendentes   47

4. O QUE VOCÊ ESTÁ FAZENDO DE BOM AGORA?

Seu sentimento de remorso está realmente levando-o a algum lugar? Não estará lhe fazendo bem se deixar você infeliz — ou mesmo indisposto — e o impedir de tocar sua vida. Também não será de nenhuma valia para a pessoa que morreu — sejam quais forem suas crenças. Se você acredita que o espírito dessa pessoa está num "outro lugar" (seja qual for esse lugar), com certeza terá uma compreensão maior dos seres humanos e de sua falibilidade do que antes e será capaz de aceitar qualquer erro e perdoá-lo, da mesma forma que um adulto é compreensivo quando seu filho é difícil ou rebelde. Essa rebeldia não fará o adulto amar menos o filho, e a pessoa pela qual você está de luto também não o amará menos por causa de um erro que você tenha cometido.

5. PEÇA DESCULPAS

Não importa que a pessoa não esteja mais por perto em termos físicos. Se ela existe em alguma forma espiritual, vai ouvir e entender quando você lhe contar o que está sentindo. Sente-se num lugar sossegado e pense nela durante alguns momentos; depois chame-a e diga-lhe que está arrependido de ter se comportado daquele jeito e peça desculpas. Você vai descobrir que, mesmo não fazendo nada além disso, vai ter de novo uma sensação de paz e tranqüilidade.

Podem surgir outros tipos de remorsos depois de uma morte. Suponha, por exemplo, que tenha havido ressentimentos ou animosidade entre você e a pessoa falecida. Ou talvez ela tenha sido má ou até cruel com você. Nesses casos, enquanto a pessoa está viva, em geral há uma esperança de que um dia tudo se acerte. Você vai entender como os problemas surgiram e serão feitas as correções

48 *Luto*

necessárias. Mas, depois que a pessoa morre, você sabe que isso nunca vai acontecer — e saber isso pode ser devastador, por melhor que você tenha se saído da situação enquanto a pessoa estava viva.

Ruth foi acolhida por uma família quando tinha quase dois anos de idade. Seus novos pais já tinham duas filhas, uma adotada e outra, filha biológica do casal. A idéia original era, depois de seis meses com Ruth, o casal propor a adoção formal da menina.

Conheci Ruth quando ela estava com mais de trinta anos e ela me disse que, por uma razão qualquer, sua nova "mãe" não gostou dela. Ela não sabia por quê — não se lembrava de ter sido particularmente difícil quando criança e foi facilmente aceita pelo pai de criação e pelas duas outras meninas.

É claro que era muito novinha na época e suas lembranças estavam um pouco borradas, mas ela reconstituiu a informação a partir do que outras pessoas lhe contaram. Parece que sua adoção foi adiada várias vezes e que, por fim, a mãe de criação concluiu que não a queria e a devolveu ao orfanato local quando ela tinha apenas quatro anos. Algumas das outras crianças da instituição transformaram sua vida num inferno, lembrando-a cruelmente de que não era suficientemente boa para ser adotada.

Ruth ficou no orfanato até a maioridade. Embora tivesse conseguido um emprego razoável e construído o que na superfície parecia uma vida satisfatória, nunca se libertou do sentimento de rejeição e perplexidade daqueles primeiros anos e jamais conseguiu estabelecer algum tipo de relação íntima. Durante toda a sua vida, prometera a si mesma que um dia entraria em contato com sua mãe de criação e lhe perguntaria o que fizera de tão terrível e por que essa mulher tinha achado impossível amá-la. Embora Ruth, aos dezoito anos, tivesse descoberto o nome da mulher e o endereço, por um motivo qualquer nunca conseguiu

As questões pendentes   49

tomar uma providência a respeito — e então ficou sabendo que a mulher morrera algum tempo antes e que, portanto, era tarde demais.

Ruth ficou arrasada. Contou-me ter sentido que uma grande parte dela desaparecera para sempre, deixando-a com uma sensação de perda que não entendia bem e com a qual não sabia lidar. Aquilo estava afetando toda a sua vida — ela não estava conseguindo comer nem dormir direito e, além do trabalho (onde se mantinha muito reservada), não conseguia enfrentar a idéia de sair de casa e se misturar com outras pessoas. Seu médico tinha lhe receitado antidepressivos que, embora tivessem reduzido os sintomas mais óbvios, não conseguiram eliminar a angústia que estava sentindo.

Quando sentir que foi ferido por alguém no passado sem entender o motivo e essa pessoa já houver morrido, talvez o processo que apresento a seguir possa ajudá-lo. Há várias outras técnicas descritas no final deste capítulo.

1. QUAIS SÃO OS FATOS QUE VOCÊ CONHECE?

Se, como Ruth, você era muito pequeno, suas lembranças dos episódios reais podem ser vagas ou nem existir. Mesmo nesses casos, contudo, em geral há pessoas que podem lhe dar as informações básicas que procura. Se você era mais velho, pode se lembrar de grande parte da situação. Caso se lembre, é possível que o sofrimento tenha feito você tentar empurrar tudo o que sabia para o fundo da consciência — mas isso não é bom. Não é aconselhável passar sua vida remoendo uma infelicidade do passado; é necessário examiná-la em todos os detalhes possíveis, uma única vez que seja, para ter condições de se libertar dela e guardá-la em outra parte do vasto sistema de armazenagem de sua mente.

2. VOCÊ FEZ REALMENTE ALGO DE ERRADO?

Uma das coisas tristes da vida de alguém que foi vítima é que a pessoa geralmente acha que, de algum modo, foi tudo culpa *dela*. Muitas vezes, isso acontece porque a pessoa que foi cruel fez com que ela sentisse isso, ou deixou que sentisse — talvez para apaziguar a própria consciência.

Em casos de maus-tratos a crianças, quando todos podemos ver que a culpa é de quem agride, na grande maioria dos casos o agressor faz o máximo para convencer a criança de que ela (ao menos em parte) é a responsável pelo que aconteceu.

Portanto, agora é o momento de analisar a situação e se perguntar se o que lhe aconteceu indicava uma falta sua ou da pessoa que o tratou mal. No caso de Ruth, por exemplo, ela aceitava que poderia ter sido uma criança difícil, vindo como veio de uma instituição de caridade. Mas não entendia como poderia ter se comportado tão mal ou ter sido tão má a ponto de ser devolvida para a instituição. Não conseguia entender como uma mulher — principalmente uma mulher que já era mãe — poderia deixar de perceber o mal irreparável que faria à personalidade de uma criancinha ao rejeitá-la como o fez. Se ao menos ela tivesse tentado manter os canais de comunicação abertos, Ruth teria sido capaz de se sair melhor. Tal como as coisas se deram, ao pesar a situação como um todo, Ruth concluiu que a mulher é que errou e que ela própria não poderia ser responsabilizada pelo que aconteceu.

3. AS PESSOAS NÃO SÃO BOAS SÓ PORQUE ESTÃO MORTAS

Há um ditado que afirma que "não se deve falar mal dos mortos". Entretanto, uma pessoa que foi negativa, egoísta ou má em vida não vira santa de repente só por ter morrido.

As questões pendentes 51

Talvez seja o fato de os mortos não terem condições de expressar seu ponto de vista o que deixa tanta gente relutante em criticar alguém que morreu. Mas, antes de tudo, vamos ser honestos conosco e encarar o fato de que a pessoa que morreu também tinha seus defeitos.

São muitos os tipos de "questões pendentes" que podem existir entre os que morreram e os que estão de luto por eles ou foram afetados de algum modo por essa morte. Também existem várias técnicas para resolver essas questões pendentes a fim de que elas não possam mais afetá-lo de maneira negativa.

Seguem-se vários exemplos dessas técnicas. Naturalmente não é provável que todas elas possam ser úteis para uma mesma pessoa. O que sugiro é que você leia todas e procure pôr em prática as que mais o atraírem. Sempre poderá experimentar os outros métodos depois. Na verdade, talvez o melhor seja combinar as técnicas de acordo com seu estado de espírito e a intensidade da emoção que estiver sentindo no momento.

Nenhuma dessas técnicas foi concebida com a intenção de fazer você esquecer o passado — nem, evidentemente, podem mudar o que aconteceu. O objetivo é que você seja capaz de dar perspectiva ao passado, lamentar a morte da pessoa que se foi tanto quanto achar apropriado e depois deixar que ela e sua influência sobre você sigam seu próprio caminho, deixando-o viver de forma mais positiva e mais feliz.

ESCREVA UMA CARTA

Se existe algo que gostaria de ter dito ou deixado de dizer, que fez ou gostaria de não ter feito, pode ser muito bom para você sentar-se e escrever uma carta para a pessoa que morreu.

52   *Luto*

Essa carta pode ser curta ou longa, dependendo do que você está sentindo no momento. Não precisa escrevê-la toda de uma vez — costuma ser melhor levar alguns dias para escrevê-la. O mais importante de tudo é ser completamente honesto — diga o que está em seu coração, seja o que for. Você não pode ferir ninguém fazendo isso, porque a carta nunca será enviada, tendo o "destinatário" morrido. Mas vai ser extremamente terapêutico para você — e, às vezes, muito surpreendente — ver seus pensamentos no papel. Não é preciso ler e reler as palavras ao longo dos anos; na verdade, depois de ter escrito e refletido sobre a carta, jogue-a fora, se quiser.

Se resolver escrever uma carta, seja o mais espontâneo possível. Não se preocupe com a linguagem formal ou torneios de frase — escreva com o coração. Você pode achar que este exercício vai mexer muito com suas emoções, mas é melhor algumas lágrimas agora do que tormentos por anos a fio.

Quando James escreveu uma carta a seu pai, começou pedindo desculpas por não ter ido visitá-lo. Na segunda página, porém, a carta tornou-se uma declaração do amor que o jovem sentia pelo velho. James passou a falar dos bons tempos que viveram juntos durante anos e o quanto achava que aprendera com o pai. Disse que esperava ser tão bom marido e pai como o pai tinha sido. Portanto, embora escrever a primeira parte da carta o tenha feito chorar um pouco, acabou desembocando em recordações felizes de uma bela relação familiar.

A carta de Ruth iniciou-se, ao contrário, bem moderada. Ela começou perguntando à falecida mãe de criação por que achara necessário mandá-la de volta ao orfanato — "O que eu fiz de tão ruim?" Mas, à medida que avançava, foi se tornando quase cáustica. Ruth acusou a mulher de ser cruel, egoísta e insensível e contou-lhe os tormentos pelos quais passara e a amargura da rejeição. "Afinal de contas," escreveu, "se eu tivesse nascido de você, você teria ficado comigo e feito o melhor possível." A parte realmente importante da carta de Ruth não foi o ressentimento pela morta, mas o fato de que, pela primeira vez, conseguiu pôr em palavras o sofrimento e o desespero que sentira durante anos. Depois de escrever e reler a carta, ela conseguiu jogá-la fora e, de certa forma, isso lhe possibilitou "jogar fora" parte de sua negatividade — embora ainda tenha precisado de mais sessões para superar suas dificuldades nas relações afetivas.

VISUALIZE

Se você tem algo que gostaria de dizer ou perguntar à pessoa que morreu, a visualização pode ser uma técnica extremamente eficiente. Aqui está um guia, passo a passo:

1. Primeiro, relaxe da maneira que achar melhor. Há muitas técnicas diferentes, algumas das quais em fitas cassete (*ver* página 131). Se nunca fez relaxamento antes, o método mais simples talvez seja conseguir um lugar sossegado onde não seja incomodado. Sente-se ou deite-se confortavelmente com a cabeça e o pescoço apoiados e os olhos fechados. Começando com os pés e subindo pelo corpo, tensione e depois relaxe cada grupo de músculos, um de cada vez — terminando com os músculos do rosto. Em seguida, fique alguns momentos ouvindo sua respiração.

2. Agora, imagine a pessoa que morreu com todos os detalhes que puder. Você não a está invocando, está apenas criando um quadro mental — como se estivesse contemplando uma fotografia imaginária. Procure vê-la numa época em que ela foi importante

54 *Luto*

para você — quer tenha sido uma época feliz que gostaria de lembrar, ou uma época difícil.

3. Entabule uma conversa com essa pessoa. Alguns preferem fazer isso exclusivamente na própria imaginação, enquanto outros gostam de falar em voz alta. Faça o que for mais natural para você. E, exatamente como nas cartas que pode escrever, diga tudo o que realmente quer dizer, seja o que for. Se quer expressar amor, tristeza, remorso, compreensão ou qualquer outra emoção, expresse. Se tiver perguntas precisando de respostas, faça-as.

4. Depois fique imóvel e em silêncio e deixe a pessoa que você visualizou responder às suas perguntas ou dizer o que deseja dizer. Você não precisa necessariamente ouvir as palavras ditas em voz alta, mas vai *saber* o que ela está lhe dizendo.

Você pode achar que lhe fará bem repetir esse processo várias vezes ao longo de algumas semanas. Como talvez se sinta um pouco constrangido da primeira vez, a resposta que você obterá pode ser mínima. Mas persevere e talvez descubra coisas que o surpreenderão — e, com certeza, algumas que o ajudarão.

Há muitas explicações para o sucesso dessa técnica. Alguns dizem que você está realmente entrando em contato com o espírito da pessoa que morreu e que é esse espírito que está lhe dando a resposta; outros afirmam que não há absolutamente ninguém ali e que o seu próprio subconsciente lhe fornece as respostas. Outros ainda acreditam que exista uma espécie de memória no fundo de sua mente, que inclui o conhecimento adquirido quando você era muito pequeno para entender as palavras, e que você está trazendo esse conhecimento à tona lá do fundo de seu ser.

Não sei qual delas é a certa — nem se existe outra explicação completamente diferente. Tudo quanto posso

dizer depois de anos de aconselhamento a pessoas enlutadas é que essa técnica é extremamente eficiente. Funciona.
E isso é o que importa. Se ela pode ajudar alguém a resolver um problema ou descobrir seus verdadeiros sentimentos e, desse modo, possibilitar-lhe enfrentar o futuro com
uma atitude mais positiva, não acho que seja necessário
entender exatamente sua dinâmica .

MEDITE

Às vezes, surge o desejo de estar mais uma vez perto da
pessoa que morreu — mesmo que só por pouco tempo —
para ajudar a diminuir o sofrimento causado pela perda e
sentir que ela ainda faz parte de sua vida. Tendo em mente
o conceito de que você não deve manter um espírito amar-
rado à Terra, mas deixar que continue sua jornada e que
esse método só deve ser empregado de vez em quando, a
meditação é uma boa forma de manter os vínculos estabe-
lecidos antes da morte da pessoa.

Aqui também você deve começar encontrando um lugar
sossegado e relaxando da maneira que achar mais fácil. As
pessoas que estão se iniciando em alguma forma de meditação em geral acham que ajuda segurar uma fotografia da
pessoa que morreu ou um objeto que lhe pertencia.

Para essa meditação dar resultado, é preciso começar
guiando as imagens que lhe vierem à mente. Se você só
ficar ali sentado esperando que algo aconteça, todos os
tipos de pensamentos mundanos vão lhe passar pela cabeça e bloquear a meditação espontânea que deve se seguir.

Portanto, comece imaginando um cômodo de sua própria casa. Veja-o com todos os detalhes possíveis — olhe
para os móveis, a decoração, a vista da janela. Agora ima-
gine-se indo até a porta desse cômodo e tomando o caminho — qualquer que seja — necessário para levá-lo à porta
da frente ou dos fundos da casa. Em sua mente, saia por

56 *Luto*

essa porta e siga o caminho. Não posso descrever-lhe exatamente o que acontece em seguida porque cada casa é diferente, mas a idéia é atravessar jardins, descer escadas, passar pelas portas, tudo o que for necessário para levá-lo além dos limites de sua casa. Enquanto imagina estar fazendo isso, tenha em mente que a pessoa que você deseja ver vai estar à sua espera em algum lugar.

Se já relaxou o suficiente, chegará o momento em que vai parar de pensar conscientemente no lugar para onde está " indo", e uma força interior profunda em você vai assumir o comando. Talvez, então, você descubra que está viajando por um território desconhecido até ficar cara a cara com a pessoa que morreu.

Ao usar essa técnica, o importante é *deixar as coisas acontecerem*. Se tentar forçar a mente a ir em uma determinada direção, o processo todo será bloqueado e não vai acontecer absolutamente nada.

O que acontece quando você encontra a pessoa que procura varia de indivíduo para indivíduo e até de um momento para outro. Alguns têm conversas profundas e significativas, outros simplesmente ficam de mãos dadas ou se abraçam. Alguns podem até descobrir que foram levados para um lugar onde nunca estiveram antes.

A certa altura, a imagem vai se desvanecer e você voltará imediatamente ao estado de vigília normal; também pode apenas relaxar profundamente durante vários minutos antes de abrir os olhos.

Há alguns pontos a ter em mente quando se pratica esse tipo de técnica de meditação:

- Se é algo com que você não tem familiaridade, talvez deva tentar várias vezes ou procurar a ajuda de um hipnoterapeuta antes de conseguir alguma coisa além de um relaxamento agradável. Por favor, não se sinta decepcionado demais se não entrar imediatamente em contato com a pessoa que morreu. Isso não significa que nunca vá conseguir. Pode ser que não esteja suficientemente relaxado ou até que o espírito esteja descansando e ainda não consiga responder.

- Você pode se perguntar se um contato real está sendo feito ou se é apenas uma fantasia de sua imaginação — algo que você vê por querer desesperadamente ver. Eu pessoalmente acredito que, como o espírito da pessoa que morreu sempre quer proteger os que ficaram para trás, temos permissão de vislumbrá-lo e entrar em contato com ele. Mas, mesmo que eu esteja enganada e seja apenas o produto de uma imaginação carente, será que isso importa? É extremamente reconfortante passar algum tempo, ainda que apenas em nossa cabeça, com alguém que se ama.
- O interessante é que as pessoas que praticam esse tipo de meditação muitas vezes descobrem que, nas primeiras vezes, visualizam a pessoa que morreu tal como ela era no fim da vida. Entretanto, à medida que o tempo passa, essa pessoa quase sempre é vista como era na época em que esteve mais próxima do indivíduo que medita. Isso acontece espontaneamente e você só vai se dar conta quando perceber que ela parece mais jovem ou está com uma aparência melhor.
- Nas primeiras vezes em que praticar essa técnica, talvez descubra que fica fisicamente cansado depois. Não se preocupe, pois isso é normal para um novato. Você vai se recuperar em poucos minutos.

FAÇA LISTAS

Algumas pessoas acham todo o conceito de visualização ou meditação difícil de aceitar. Se isso se aplica a você, experimente o seguinte procedimento: faça listas do que você e a pessoa que morreu deram um ao outro durante toda a sua

58 *Luto*

vida. Não estou falando de presentes materiais — embora você possa fazer uma lista deles, se quiser. Escreva sobre os momentos que partilharam, as recordações que criaram, as alegrias e os prazeres que deram um ao outro. Ainda que às vezes tenha havido momentos tristes a lembrar, o que vocês aprenderam com eles? Como se sentiam em relação um ao outro e como esses sentimentos se expressaram?

Sua lista pode ser tão sucinta ou detalhada quanto você quiser. Afinal de contas, é somente para seus olhos e, se uma ou duas palavras servem para trazer uma lembrança feliz de volta, para que escrever mais? Mas, se lhe der prazer recriar o passado mais vividamente e escrever com detalhes, escreva.

Guarde essas listas em lugar seguro para que, sempre que sentir necessidade, possa lê-las e sentir-se novamente próximo da pessoa que ama.

PARALISE A CENA

Essa é uma boa forma de encerrar qualquer questão pendente que ainda exista. Funciona igualmente bem se as coisas a serem ditas ou feitas forem positivas ou negativas e permite que o passado vá para seu devido lugar — o passado.

Depois de relaxar, imagine que está sentado sozinho em um cinema escuro, olhando para uma tela bem grande à sua frente. Na tela há uma cena de particular relevância — uma cena onde você sente tudo o que não foi dito ou feito. Suponha, por exemplo, que agora você acha que deve dizer algumas palavras específicas à pessoa na qual está pensando — palavras que, por uma razão ou outra, não foram ditas.

Quando a cena chegar ao ponto em que você acha que aquelas palavras deveriam ter sido ditas, paralise a cena. Agora entre nela e pronuncie realmente as palavras, dei-

As questões pendentes 59

xando que sua imaginação gere a reação que elas teriam despertado. Depois de fazer isso, deixe a cena continuar de novo, até o fim (talvez você ache que ela precisa mudar um pouquinho por causa das novas palavras ou atos que incluiu).

Quer acredite ou não que o espírito da pessoa que morreu tem consciência do que você fez, vai sentir o alívio de ter resolvido o que, para você, era uma questão pendente.

CONVERSE

Pronuncie seus pensamentos em voz alta. Acredito piamente que a pessoa com quem você está conversando, embora não esteja mais "viva" no sentido físico, vai ter condições de ouvi-lo. Mesmo que ache isso difícil de aceitar, verbalizar pensamentos pode lhe fazer muito, muito bem. Talvez sinta que, embora não esteja entrando em contato com uma determinada pessoa, suas palavras podem chegar até Deus ou ao Espírito (ou qualquer outro nome que represente para você aquele grande poder eterno). No mínimo, vai ajudar a manter a pessoa que morreu no primeiro plano de sua consciência e diminuir a dor de tê-la perdido.

CAPÍTULO 4

A criança enlutada

Enfrentar a morte de alguém que você ama é um processo difícil em qualquer idade, mas principalmente quando se é criança. Já vimos no Capítulo 1 o quanto foi devastador para Mark ser protegido da morte de seu pai — embora sua mãe estivesse agindo com as melhores intenções do mundo, tentando poupá-lo dos extremos do luto.

As crianças sentem todas as emoções que os adultos sentem — e, muitas vezes, com outras complicações. A morte é um conceito inteiramente novo para uma criança pequena. O mais perto que ela chega talvez seja em filmes, na ficção televisiva ou em jogos de computador. Porém, esse tipo de morte pode estar totalmente divorciado da realidade (motivo pelo qual muita gente acha que deveria haver mais controle — mas essa é uma outra história). E, nesse tipo de ficção, em geral são os "maus" que morrem, de modo que ninguém fica realmente infeliz. Perder um pai ou uma mãe amorosos, um avô bondoso ou uma irmãzinha, é muito diferente, e as crianças precisam ser orientadas cuidadosa e carinhosamente ao longo de toda a experiência, e por um período considerável, depois.

É claro que uma criança fica infeliz quando alguém que ela ama morre — fica também muito assustada. De repente, a morte é real, próxima, e acontece com gente boa. Seu mundo não é mais o lugar seguro que ela julgava ser.

62   *Luto*

Uma criança que perde um dos pais pode tornar-se extremamente temerosa de que o outro também a deixe. Nenhuma explicação lógica ajuda; é preciso muito amor e muita paciência para tranqüilizá-la — e ninguém jamais deve lhe dizer que está sendo boba por pensar assim. Algumas crianças reagem tornando-se extremamente apegadas, recusando-se a se soltar do pai ou mãe que sobreviveu, com medo de que, se deixar que saia de sua vista, ele/ela também poderá desaparecer e nunca mais voltar.

Outras crianças reagem de modo inteiramente diferente e se tornam extremamente distantes em relação ao pai ou mãe sobrevivente, às vezes se recusando até a ficar de mãos dadas ou a lhe dar um beijo de boa-noite. Uma criança que age assim está se preparando subconscientemente para a perda desse pai ou mãe — como se estivesse dizendo "Olha como eu consigo viver bem sem você."

Ambas as formas de comportamento são gritos de socorro e pedidos de compreensão. Portanto — tendo em mente as limitações impostas pela idade e o nível de entendimento —, quanto mais você tiver condições de dizer a verdade a seu filho, tanto melhor. Pode ser angustiante saber que o pai morreu de uma certa doença ou que a mãe foi atropelada por um carro, mas reforça o fato de que o pai ou a mãe não optou por ir embora e que morreu de uma maneira que não afeta a maioria das pessoas, de modo que a chance disso acontecer ao pai ou mãe sobrevivente é diminuta.

Se a morte foi de alguém da idade da criança — e principalmente se for de sua família —, o fato pode criar um medo enorme em sua cabeça. As perguntas que lhe invadirão a mente — mas que ela talvez nunca faça em voz alta — incluem "Será que eu também vou morrer?" e "Será que eles teriam preferido que fosse eu?"

De repente, ela percebe que a morte não acontece somente com os maus ou com os velhos. Acontece com crianças também. Além disso, ela toma consciência de sua própria

A criança enlutada 63

mortalidade — o que pode ser muito assustador. Ela não quer morrer, não quer sofrer, mas não conhece nenhuma forma de evitar a morte ou o sofrimento.

Se foi uma doença que causou a morte de alguém jovem, a criança sobrevivente pode muito bem apresentar sintomas psicossomáticos do mesmo problema, ou de algo semelhante. Seu medo onipresente vai, então, ter algo positivo com que se alimentar.

O irmão mais novo de Alan sofria de uma doença cardíaca desde que nasceu e seus pais sempre souberam que era pouco provável que o filho caçula sobrevivesse. Alan tinha três anos de idade quando seu irmão Joe nasceu. Até essa época, era uma criança normal, barulhenta e traquinas; mas, depois da chegada do bebê, as coisas mudaram. Agora não permitiam que ele gritasse e batesse portas como antes, para não incomodar o bebê.

Até então, em sua condição de filho único, Alan tinha recebido muita atenção, tanto da mãe como do pai, porém, depois que Joe entrou em cena, essa atenção se reduziu drasticamente. É claro que o nascimento de qualquer criança mais nova acaba por absorver boa parte do tempo dos pais, mas Joe tinha necessidades especiais e a mãe e o pai passavam grande parte do tempo cuidando dele. Não teria sido estranho Alan ficar com ciúmes, mesmo que Joe fosse um bebê normal, sadio; entretanto, nesse caso, a situação ficou ainda pior. Por causa da fragilidade de Joe, Alan não podia fazer sua parte e ajudar a cuidar do irmão. Ninguém lhe perguntou se gostaria de pegar o bebê no colo; ele tinha de ficar quieto para não acordá-lo; sua mãe estava sempre cansada demais e o pai, ocupado demais para ler sua história habitual antes de dormir. Não surpreende que Alan não gostasse muito do irmão. Contudo, era óbvio que os pais gostavam, e ele sabia — estavam sempre tocando o bebê ou lhe fazendo carinhos. Alan começou a achar que preferiam Joe a ele.

64 *Luto*

Então, quando Alan tinha quase seis anos, Joe morreu. Os pais ficaram arrasados, como era natural, e passaram grande parte dos primeiros tempos depois da morte do menino chorando e conversando sobre o filho caçula. Tanto que Alan começou a se perguntar se eles não estariam chorando porque Joe tinha morrido e ele, não.

Claro que não era isso. Alan era amado por ambos os pais. Só que aconteceu de Joe ter absorvido uma parte tão grande de tempo e energia que eles tiveram pouco para dar ao outro filho. Nunca sonharam, nem por um momento, com o que estava se passando na cabeça de Alan e estavam completamente despreparados para o comportamento difícil do garoto depois que Joe morreu.

Conheci-o quando ele tinha vinte e poucos anos e, embora agora sua lógica lhe dissesse que seus pais o tinham amado e ele entendesse as razões para a morte prematura do irmão, Alan lembrava-se claramente de pensar que ele ia *fazer* a mãe e o pai prestarem atenção nele e, se a única forma de conseguir isso fosse se tornar tão intratável que gritassem com ele e lhe batessem, era assim que ia ser.

Como é muito difícil para as crianças expressarem seus sentimentos com palavras, é muito fácil os adultos interpretarem mal o que está se passando na cabeça delas. Por essa razão é muito importante deixar a criança participar tanto quanto possível do que está acontecendo e conversar com elas a respeito — mesmo que ainda não entendam tudo o que você está dizendo.

CULPA

Vimos que uma das emoções naturais que acompanham o luto é o sentimento de culpa. Em nenhum caso isso é mais verdadeiro do que quando se trata de uma criança.

As crianças muitas vezes se sentem culpadas quando alguém morre por acharem que isso aconteceu porque são

A criança enlutada 65

"levadas" ou se "comportaram mal". Vêem a morte como um castigo pessoal. Em um momento desses, é de vital importância reassegurar à criança que ela não teve nenhuma responsabilidade pela morte e que esta teria acontecido fosse qual fosse seu comportamento.

Um dano enorme pode ser causado à auto-imagem futura da criança se não se tomar muito cuidado nessa época. Como as crianças tendem naturalmente a considerar os adultos próximos a elas criaturas sábias e maravilhosas que nada fazem de errado, quando uma dessas criaturas vai embora, isso deve significar que ela (a criança) não é suficientemente digna de amor para fazer com que queiram ficar. Quaisquer que sejam os fatos, a criança costuma traduzir a perda de alguém próximo como uma rejeição deliberada, o que vai levá-la a formar uma imagem de si mesma como indigna, que não merece amor, e que é justo rejeitá-la. Se não forem percebidos e tratados de forma apropriada, esses sentimentos podem levá-la a se tornar o tipo de pessoa que sempre constrói relações afetivas desastrosas, como se procurasse, subconscientemente, perpetuar a auto-imagem que se formou na época daquela tragédia da infância.

Outra causa de culpa numa criança é ela se surpreender rindo e sendo feliz outra vez — e talvez não se tenha passado muito tempo depois da morte. É preciso reassegurar-lhe que a vida continua e que, quando nos permitimos desfrutar esta vida, não estamos querendo dizer que amamos menos a pessoa que morreu.

PALAVRAS INFELIZES

Especialmente quando estiver lidando com crianças muito pequenas, é aconselhável ter cuidado com as palavras e frases que usa. Como as crianças podem ser muito literais, talvez o melhor seja usar o termo "morreu" em vez de algum substituto como "foi dormir", "foi para o céu" ou "foi ficar com Jesus". Essa terminologia pode criar outro problema na cabeça da criança.

Quando Beverly tinha cinco anos, sua avó morreu. Como ela vivia a cerca de 250 quilômetros de distância, Beverly não a visitava com muita freqüência, de modo que, embora tenha ficado triste e visto que a morte também deixara sua mãe triste, não achou que fosse nada de particularmente complicado. A mãe queria lhe explicar o conceito por meio de termos que a criança entendesse e disse-lhe que a "Vovó morreu e foi viver com Deus e Jesus". Beverly aceitou a explicação incondicionalmente.

A família não era particularmente religiosa, mas ia à igreja em eventos especiais — como a Páscoa e o Natal. A menininha costumava acompanhar os pais nessas ocasiões. No entanto, quando chegou a hora da família participar da cerimônia de Natal na igreja naquele ano, Beverly ficou muito angustiada, chorando e agarrando-se à mãe, implorando para não ir.

Para Beverly, a igreja era o lugar onde Deus e Jesus viviam e, por causa das explicações a respeito da morte da avó, passara a acreditar que esse era o lugar para onde a velha senhora tinha ido. A menina adquiriu dois grandes medos. Um era de que a igreja estivesse cheia de gente morta e o outro, de que qualquer pessoa que entrasse lá nunca mais saísse. Estava aterrorizada, achando que, se sua mãe fosse à igreja, morreria, e que elas nunca mais se veriam de novo.

Uma conhecida contou-me que viu o tio no caixão quando era pequena. Ele estava com os olhos fechados, exatamente como se estivesse dormindo. Durante algum tempo, ela tentou desesperadamente manter-se acordada à noite , com medo de morrer se fechasse os olhos e nunca mais conseguir abri-los de novo.

CONVERSAR

Conversar com os filhos e deixar que eles compartilhem da emoção do momento é essencial para que cresçam com uma auto-imagem positiva e a capacidade de lidar com a morte no futuro.

Deixe seu filho ver o que você está sentindo. Se estiver triste e com vontade de chorar, permita que ele veja. Isso provavelmente fará com que ele também chore, o que não é ruim. As crianças precisam saber desde bem pequenas que as emoções existem e que devem ser reconhecidas. Isso vai ajudá-las, durante toda a vida, a se tornarem mais conscientes e a compreenderem melhor os sentimentos dos outros e, por conseguinte, serão pessoas mais carinhosas e compassivas.

Não basta conversar com elas sobre a morte em si; à medida que o tempo passar, fale sobre a pessoa que morreu. Conte-lhes histórias dos bons tempos e faça comentários como "Seu pai teria gostado disso", ou "Essa era a cor predileta da vovó". Dessa forma, você vai instilar nelas um senso de continuidade e de serem capazes de amar e serem amadas por alguém que não podem mais ver.

Se tiver fotografias espalhadas pela casa mostrando a pessoa que morreu, deixe-as onde estão. Conforme seu filho for crescendo, vai poder olhar para elas e saber quem eram essas pessoas, vai se sentir encorajado a falar sobre elas. Contudo, como discutimos no Capítulo 1, não sucumba à tentação de transformar sua casa em um relicário. É natural guardar fotografias ou lembranças à sua volta, mas não deixe a casa dar a impressão de que o morto vai voltar a qualquer momento. Deixar o casaco no cabide e os sapatos na sala vai causar uma confusão considerável na cabeça de uma criança que está tentando desesperadamente aceitar o fato de que a pessoa que morreu não vai voltar mais.

68 Luto

As pessoas reagem de formas diferentes ao luto. Algumas tendem a visitar o cemitério com freqüência, cuidar do túmulo e levar flores; outras só vão em ocasiões especiais — aniversários ou Dia das Mães, por exemplo; ao passo que outras não sentem necessidade de ir ao cemitério. Seja o que for que você prefira, dê a seu filho a oportunidade de lhe fazer companhia nessas ocasiões, mas não o obrigue. Tenha em mente que um túmulo não precisa ser um lugar horrível e que, por isso, visitá-lo não tem de ser um momento triste. É melhor que seja uma celebração do amor sentido pela pessoa que morreu do que o pesar pelo seu falecimento. Nos primeiros dias depois da morte, é natural que haja lágrimas e tristeza. No entanto, à medida que o tempo passa, permita que seja um momento de paz, amor e respeito.

Uma amiga, cuja mãe morreu quando ela estava com dez anos, contou-me que, quando adolescente, ia ao cemitério e se sentava na grama ao lado do túmulo e conversava com ela exatamente como se ainda estivesse viva. Contava-lhe como estava sua vida, falava de suas esperanças e medos e, embora soubesse que nunca ia obter uma resposta no sentido comum da palavra, sempre deixava o lugar se sentindo em paz. Ela tinha um pai amoroso e dois irmãos mais novos, porém só essa comunhão com a mãe enchia um vazio muito particular de sua vida de moça.

Assim como pode ser reconfortante para um adulto conversar com a pessoa que morreu, pode ser até mais para uma criança. É algo que as ajuda a aceitar que existe uma continuidade na vida e na morte e a se sentirem menos abandonadas e sozinhas. Portanto, pode ser aconselhável discutir com seu filho a possibilidade de conversar com a pessoa que perdeu. Naturalmente, você precisa explicar-lhe que ele não vai obter uma resposta da forma habitual, mas que isso não significa que suas palavras não serão ouvidas.

A criança enlutada 69

Tenha cuidado para evitar o conceito do "olho que tudo vê". Toby tinha só seis anos quando o pai morreu. Depois do período inicial de luto, sua mãe explicou-lhe que, embora o pai não estivesse mais com ele, ainda o amava, ainda estava cuidando dele e ainda queria saber como andava a sua vida. Disse ao menininho que ele poderia conversar com o pai a qualquer momento e que suas palavras seriam ouvidas porque "O papai está em todo lugar em que você está".

Toby aceitou muito bem essa idéia mas, depois de algumas semanas, começou a ficar cada vez mais reservado. Por fim disse pensar que o pai estava vigiando tudo o que fazia e, não querendo deixar que ele o visse fazendo nada de errado, acabara assustado demais para fazer o que fosse. Felizmente, no caso de Toby, esse problema logo foi detectado, mas não raro uma criança pequena reage desse jeito.

RITUAL

As crianças reagem muito bem a rituais. Afinal de contas, a vida delas se constitui em fazer muitas das mesmas coisas nas mesmas horas do dia — e ainda temos aquelas músicas e brincadeiras de criança com todas as ações já predeterminadas. Elas também respondem bem ao ritual que acompanha uma morte, pois ele as ajuda a aceitar o que aconteceu e a entender que esse evento é parte da vida.

Esse ritual pode ou não estar ligado à religião — depende daquilo em que você acredita e do que prefere fazer. No entanto, quer acenda uma vela, recite uma oração, faça doação a uma instituição de caridade ou plante um arbusto no jardim, deixe seu filho desempenhar seu papel nesse processo.

70   *Luto*

AS CRIANÇAS E OS ANIMAIS DE ESTIMAÇÃO

Lembre-se de que, para uma criança, a morte de um animal de estimação — seja um cachorro ou um rato — pode ser tão triste quanto a morte de um ser humano. Quando uma criança ama, ama incondicionalmente e, por isso, o mesmo amor é dispensado a um animalzinho ou a uma pessoa.

Por causa disso, é necessário permitir à criança passar por todo o processo de luto, com tudo o que isso implica, e nunca se deve transmitir-lhe a impressão de que a criatura cuja morte está lamentando não merece toda essa emoção.

De certa forma, por mais triste que seja, a morte de um animal de estimação pode ajudar uma criança a entender o conceito de vida e morte. Na maioria dos casos, a duração da vida de um animalzinho é menor que a de um ser humano, e isso significa que a criança vai ter de aprender, em um momento qualquer, a enfrentar o luto. É comum vermos crianças que cresceram numa fazenda ter mais condições de lidar com a morte ao longo de sua vida, porque se acostumaram a presenciá-la desde pequenas.

Quando se torna necessário sacrificar um animal de estimação por causa de uma doença grave, por pior que seja no momento, é mais do que justo conversar com a criança e lhe dizer com antecedência o que vai acontecer — desde que, evidentemente, ela tenha idade suficiente para entender o que você está dizendo. Mesmo que seja um momento de lágrimas e sofrimento, é bom ter a oportunidade de dizer adeus a um amigo querido, se for possível. Você pode achar melhor não dizer nada e mandar fazer o que é preciso sem tocar no assunto — mas imagine o sofrimento de uma criança ao voltar para casa e descobrir que seu adorado bichinho se foi para nunca mais voltar, sem nem ter tido a chance de tocá-lo pela última vez. Além do sofrimento que isso vai causar-lhe, o fato pode lesar a confiança que ela tem em

A criança enlutada 71

você, se algum dia descobrir que você sabia de antemão o que ia acontecer e não lhe contou.

Embora a maioria das pessoas — adultos e crianças — que um dia amou um bicho acabe arranjando outro, no caso de uma criança isso deve ser feito quando ela estiver pronta. Se ela amava muito seu animal de estimação e ele acabou de morrer, simplesmente sair e voltar com outro pode parecer tão horrível a uma criança quanto seria dizer a uma mãe enlutada que ela pode ter outros filhos. Nenhum bebê pode substituir o que morreu, e o mesmo se pode dizer com relação a um animal de estimação; por isso dê à criança tempo para lamentar a morte do bichinho e fique atento para saber quando ela está pronta para cuidar de outro e amá-lo.

LEMBRE-SE...

- Seu filho vai estar sentindo emoções que são parecidas com as suas, mas talvez ainda não tenha a capacidade de entendê-las. É importante conversar com ele sobre a perda que ambos sofreram para que perceba que está sendo compreendido. Use palavras e frases apropriadas para a idade e o nível de compreensão da criança.
- Deixe a criança tomar parte do luto oficial, qualquer que seja o processo. Seja qual for a sua religião — e mesmo que não tenha nenhuma —, as crianças se beneficiam muito do ritual nesses momentos. Pode ser o ritual levado a cabo pelos anciãos de uma determinada religião, ou o simples ato de colocar uma flor em um lugar especial para homenagear a pessoa que morreu. Seja como for, vai ajudar a criança a admitir a perda e aceitá-la.
- Assegure-se de que seu filho entenda que a morte não é uma espécie de retribuição divina aos maus

72 Luto

pensamentos ou às más ações e que ele não tem nenhuma responsabilidade pela morte de alguém próximo, nem que foi rejeitado de alguma forma pela pessoa que morreu.

- Não afaste a criança do contato com a morte de um ente querido, a não ser que seja absolutamente indispensável. Se, por algum motivo for, explique-lhe o que está acontecendo e prometa-lhe fazer sua própria "cerimônia" quando ela voltar. Nunca procure fazer de conta que a morte não aconteceu ou que não vai afetar sua vida — porque vai.

- Permita à criança passar por todas as fases do luto, exatamente como um adulto. Ela vai sentir tristeza, raiva, medo, solidão, falta de compreensão e culpa. Como você já sabe, isso é normal, mas é pouco provável que ela saiba disso e, por conseguinte, pode precisar ser incentivada a falar sobre o que está sentindo para poder ser tranqüilizada.

- Partilhe suas emoções com seu filho. Deixe que ele chore tanto quanto precisar e deixe-o ver você chorando também. Deixe que fale a respeito, pois é só dessa maneira que você vai saber o que ele está pensando e sentindo. Deixe que lhe faça perguntas e faça o máximo para respondê-las da forma mais honesta possível, levando em consideração sua idade e capacidade de compreensão.

- Converse com a criança sobre a morte em geral. Verifique se ela entende que não é o resultado inevitável de toda e qualquer doença ou de todo e qualquer acidente; caso contrário, ela pode ficar com medo da vida em geral e de hospitais, da polícia e congêneres.

- Converse sobre a pessoa que morreu da maneira mais natural possível. Deixe a criança saber que a pessoa que ela perdeu ainda está por perto e ainda a ama.

A criança enlutada   73

Sugira que ela converse com o morto, mas não deixe que pense que está sendo vigiada o tempo todo.

- Desde que tenha idade suficiente para entender o que está acontecendo (em geral a partir dos quatro anos), permita que a criança esteja presente em todas as cerimônias ou serviços religiosos que possam ser encomendados. Conte-lhe de antemão o que esperar quando chegar ao local.

- Você não está procurando fazer de conta que a pessoa que morreu nunca existiu; portanto, não remova imediatamente de sua casa, nem de sua conversa, todas as provas de sua existência. No entanto, evite transformar a casa em uma espécie de relicário em memória dessa pessoa — em particular, evite dar a impressão de que a pessoa pode voltar a qualquer momento, pois isso pode amedrontar extremamente a criança.

- Tome cuidado com as palavras que usar. Procure não usar frases como "dormir um longo sono", pois isso pode levar a relações incorretas na cabeça da criança e deixá-la com medo de dormir. Se quiser usar frases como "estar com Deus" ou "com Jesus", verifique se a criança sabe qual é a diferença entre esse conceito e ir à igreja.

- As crianças — como os adultos — devem ter permissão para lembrar e comemorar aniversários e dias especiais. No entanto, isso não deve ser feito de maneira mórbida ou sofrida, e sim como uma celebração à vida da pessoa que morreu.

- Às vezes, a criança sente a necessidade de ver a cena da morte. Se esse desejo for expresso, e se houver possibilidade, deve ser atendido.

- Se seu filho quiser ir ao cemitério, permita que vá — mas procure ajudá-lo a ver essa visita como uma oportunidade de lembrar as coisas boas da pessoa que

74 *Luto*

morreu, em vez de ser um momento de tristeza. Se ele não quiser ir, nunca o obrigue, pois isso pode criar problemas mais tarde. As crianças mais velhas podem sentir necessidade de ir ao túmulo sozinhas, principalmente quando se trata da morte de um dos pais, e sua necessidade de uma comunhão particular deve ser respeitada.

- Se foi um irmão ou irmã que morreu, não isole a criança. Deixe que partilhe seu sofrimento e tenha o cuidado de lhe reassegurar que ainda é amada por si mesma. Fique alerta para a apresentação de sintomas de doenças psicossomáticas e tenha o cuidado de nunca lhe dizer nada que a faça pensar que você preferiria que ela tivesse morrido no lugar da outra.

- Como muitas crianças têm um sentimento de culpa quando se surpreendem rindo e se sentindo felizes de novo, podem precisar ser tranqüilizadas a respeito de que não há nada de errado nisso e que elas — e você também — podem continuar tocando a vida e desfrutando-a, pois isso não significa que não gostem mais da pessoa que morreu.

- As crianças amam realmente seus animais de estimação; por isso, permita a seu filho ficar de luto por um bichinho, da mesma maneira que por uma pessoa. Se for possível e apropriado, dê-lhe tempo de dizer adeus a seu animal de estimação. Se resolver lhe dar outro, espere até ele estar pronto e procure não insinuar que o novo é um substituto daquele que morreu.

CAPÍTULO 5

A perda de um filho

Provavelmente não há perda mais difícil de enfrentar do que a de um filho. Apesar de todos sabermos que isso acontece — e, na verdade, a maioria de nós conhece alguém a quem isso *aconteceu* —, nunca esperamos que nossos filhos morram antes de nós. E nenhuma perda gera tanto sentimento de culpa nos pais — mesmo quando não há absolutamente nada que tenham a censurar neles próprios. Sempre surgem as perguntas: "Será que eu devia ter feito algo diferente?" "Eu não devia ter percebido o que estava acontecendo?" ou, simplesmente, "Foi culpa minha?"

Quando sua filhinha Jessica era muito pequena, Claudia e Eric ficaram sabendo que ela tinha uma forma incurável de leucemia e que provavelmente só viveria alguns anos. Sabendo disso, resolveram dar-lhe uma vida tão normal e feliz quanto possível. Foi o que fizeram, permitindo que ela brincasse ao ar livre com as outras crianças e com seu irmãozinho Jamie. Evidentemente, fizeram o melhor possível para mantê-la com saúde e ela recebeu toda a medicação necessária, mas chegaram à conclusão de que seria melhor não deixá-la pensar em si mesma como uma criança inválida ou "diferente" das outras crianças.

Para um estranho, Jessica parecia a imagem da saúde — era uma linda menina de sorridentes olhos azuis e longos cachinhos loiros. No entanto, um simples resfriado deixava-a perigosamente doente.

76   *Luto*

Três dias antes de seu sexto aniversário, Jessica morreu. O fim veio de repente — ela só ficou doente durante algumas horas. Conversei com Claudia uma semana depois e ela me disse que, embora soubessem — ela e o marido — exatamente o que havia de errado com sua filha, nunca esperaram de fato que sua morte acontecesse. Quando ela adoecia, é óbvio que ficavam extremamente preocupados. Porém, parecia que ela sempre se recuperava e, quando ficava bem de novo, eles achavam que Jessica poderia continuar assim para sempre. O choque dos pais que estão de sobreaviso em relação à morte iminente de seu filho pode ser tão grande quanto aquele sentido por outros para quem a morte é completamente inesperada.

No início, Claudia e Eric atormentaram-se com a idéia de que, se tivessem proporcionado a Jessica uma vida mais protegida e resguardada, talvez ela não tivesse morrido tão cedo; mas, depois do período inicial de luto e auto-recriminação, concluíram que tinham feito a coisa certa. Jessica teve seis anos alegres, vivendo como uma criança feliz, sorridente, cheia de amigos, que desfrutou bons momentos, e, por causa disso, teve condições de enfrentar muito bem os momentos difíceis. Seus pais se convenceram disso e consideraram ter sido melhor assim do que tê-la por mais um ano ou dois, porém obrigada a passar todo o tempo dentro de uma redoma, vendo a vida através da janela.

Se você (ou alguém que conhece) teve a infelicidade de perder um filho, é provável que já tenha sido bombardeado por todos os tipos de sentimento de culpa logo após a morte. Contudo, pergunte a si mesmo se o que fez foi o que achava ser o melhor para a criança naquele momento. Se puder responder honestamente com um sim, você não tem nada a se censurar.

Se voltarmos ao conceito de progressão espiritual através de uma série de vidas, com o espírito entrando em um

A perda de um filho   77

corpo humano a fim de aprender as lições escolhidas, com certeza essas vidas curtas devem ter sido opção de um espírito com pouca coisa a aprender. Acredito firmemente que é um grande privilégio nossa vida ser tocada — por menor que seja o período de tempo — por espíritos tão evoluídos que não tenham de ficar aqui por longo tempo. Também acho que, em alguns casos, um espírito é tão evoluído que não tenha muito o que aprender, tendo vindo à Terra somente para nos ensinar alguma coisa.

Se você aceita o princípio de vida após a morte, sabe que realmente não perde seu filho para sempre. Vai haver um momento — por mais longínquo que pareça estar no futuro — em que vocês vão se reencontrar em um lugar onde nada mais poderá machucar nenhum dos dois. Os espíritas acreditam que as crianças continuam crescendo na outra vida — e isso parece confirmado pela experiência de uma amiga minha.

Essa mulher (vamos chamá-la de Mary) tem três filhos adolescentes muito saudáveis. Há muitos anos, porém, antes de esses filhos terem nascido, ela teve que enfrentar o nascimento prematuro e a morte quase instantânea de duas menininhas. Mais recentemente, o pai de Mary morreu e ela levou a mãe ao centro espírita local, na esperança de que conseguisse algum conforto através da médium que trabalhava ali. Na verdade, essa médium deu provas a Mary e à sua mãe da continuidade da existência espiritual do pai. Logo antes de terminar de falar, ela voltou-se para Mary e disse: "Seu pai está dizendo para vocês não se preocuparem — ele está com as meninas".

Mary ficou confusa. Que meninas? Passaram-se algumas horas antes de perceber que a médium devia estar se referindo às duas crianças que ela perdera. Mary, entretanto, nunca pensara nelas como "as meninas" — para ela, sempre tinham sido "os bebês". Pensando agora no assunto,

78   *Luto*

pareceu-lhe natural que elas estivessem com o avô. E como era reconfortante pensar que estavam todos juntos!

A maioria das pessoas acha difícil encontrar as palavras certas depois de qualquer tipo de morte, mas, quando se perde um filho, parece que os outros nunca sabem o que dizer. Muitas vezes acham melhor evitar por completo os pais enlutados e, embora seus motivos possam ser compreensíveis, essa é decididamente a atitude errada a tomar. Qualquer um que tenha sofrido uma perda precisa ter condições de falar sobre ela, e um amigo de verdade estará disposto a se sentar e ouvir, consolando se possível ou só estendendo a mão ou oferecendo o ombro para a pessoa chorar, se é isso de que ela precisa no momento.

Os que parecem achar mais difícil conversar com pais recentemente enlutados, no geral, são também pais. Uma dessas mulheres contou-me que se sentia constrangida em fazer uma visita a uma vizinha cujo filho morrera há pouco tempo porque ela própria tinha duas crianças muito saudáveis. Não sabia muito bem o que esperar — se a mãe enlutada ficaria ressentida com ela porque seus filhos ainda estavam vivos ou se a simples visão das crianças não lhe seria insuportável. Estava se sentindo tão mal com isso que começou a levar os filhos para a escola por um itinerário diferente para não ter de passar pela casa da mãe enlutada.

A vida nunca mais vai ser a mesma para alguém que perdeu um filho mas, passado o período imediatamente seguinte à morte, a pessoa tem de voltar a algo que tenha semelhança com a normalidade. E a normalidade inclui pessoas de todas as gerações, dos muito pequenos aos muito velhos. Os pais enlutados precisam reencontrar o caminho de volta a essa vida "normal", exatamente como quaisquer outros. Portanto, não deixe de lhes fazer uma visita e conversar com eles. Talvez você não queira levar

A perda de um filho   79

seus filhos consigo no início, mas não há necessidade de escondê-los.

O "período agudo de luto" vivido por cada indivíduo antes de ter condições de enfrentar o mundo de novo varia muito. Portanto, a melhor coisa a fazer é convidar as pessoas enlutadas para todas as atividades possíveis e, ao mesmo tempo explicar-lhes que você entenderá muito bem se elas, ainda, não se sentirem dispostas a aceitar. Na primeira vez que elas se aventurarem novamente pelo mundo, ofereça-se para acompanhá-las, a fim de que não tenham medo de serem evitadas pelos que se sentem embaraçados; nem atropeladas por declarações de simpatia bem-intencionada com as quais não saibam lidar.

Ao conversar com os pais enlutados é bom tentar acompanhar o movimento deles. Às vezes eles podem sentir um grande desejo de falar sobre o filho que perderam, ao passo que, em outros momentos, pode ser doloroso e angustiante demais fazer isso. Esteja pronto para adaptar sua conversa de acordo com as necessidades deles — e não se sinta embaraçado se lhe fizerem perguntas sobre os seus filhos; talvez eles precisem que se lhes reassegurem que a vida continua no mundo lá fora, independentemente de seu luto.

ABORTO ESPONTÂNEO

Embora todos simpatizem com alguém que perdeu um filho e até com alguém que teve um filho natimorto, muita gente acha difícil pensar que um aborto espontâneo seja uma grande perda. Mas é. Ainda que a mãe só tenha levado aquela nova vida dentro de si durante algumas semanas, é seu filho mesmo assim e sua perda pode lhe causar um sofrimento enorme.

Trabalhei durante os dois últimos anos com muitas mulheres que sofreram aborto — e com algumas que sofreram

80 Luto

mais de um. Examinando meus arquivos, descobri os mesmos sentimentos aflorando e repetidamente:

- Culpa. A mulher costuma atormentar-se, perguntando-se se fez alguma bobagem que provocou o aborto.
- Medo. Será que vai perder a criança se engravidar de novo? Imagina que nunca possa ter um filho.
- Por que eu? A mulher olha à sua volta, para todas as que têm filhos — às vezes mais do que planejaram —, e se pergunta por que ela tem de ser a única diferente. No entanto, as estatísticas mostram que o aborto nos primeiros meses da gravidez é muito comum. Em *The Well Woman's Self Help Directory* (publicado por Sidgwick e Jackson, 1990), Nikki Bradford escreve:

  Considerado isoladamente, o aborto espontâneo é a complicação mais comum da gravidez e é o motivo que leva mais freqüentemente mulheres jovens aos hospitais. Abortos bem no começo da gravidez podem afetar até uma em cada duas gravidezes.

- Falta de compreensão. Fico impressionada com a falta de compreensão mostrada às mulheres que tiveram abortos. O médico de uma jovem disse-lhe para "pensar no aborto como um período difícil"; a outra disseram: "Bem, você é jovem, sempre pode tentar de novo". Palavras bem-intencionadas, mas que ignoram completamente o fato de que os bebês que não nasceram acabaram de morrer.
- Sensação de isolamento. Por mais que os companheiros se importem e por maior que seja seu pesar com a perda do filho que não nasceu, não estão na mesma situação que as mulheres, porque não estavam carregando o bebê dentro de si. Uma de minhas pacientes disse que tinha vontade de gritar toda vez que o marido dizia "Sei como você se sente". Era um homem encantador que ficou realmente muito mal com a per-

A perda de um filho 81

da do bebê, mas, como disse sua mulher, "ele nunca sentiu o bebê se mexendo dentro dele — *não* pode saber como me sinto!"

- Não há nada para provar que o bebê existiu um dia. Essa é uma das coisas que muitas mulheres acham mais difícil de suportar. Todo mundo tem alguma coisa — uma roupa, uma fotografia — para provar a existência da criança que morreu. A mãe que sofreu um aborto não tem nada. Geralmente sugiro a minhas pacientes que saiam e comprem algo para marcar a vida de seu filho não nascido. Não importa o quê — uma mulher mandou fazer uma gravação em um copo de cristal, outra comprou um ursinho de pelúcia. As que são religiosas podem preferir algo de acordo com sua fé, ao passo que outras podem comprar uma planta para pôr no jardim. (Uma palavra de advertência aqui — embora eu ache uma idéia excelente comemorar uma vida com outro ser vivo, preste atenção para comprar uma planta robusta, como uma roseira ou uma folhagem. Nessa fase vulnerável, pode ter uma importância terrível escolher uma planta mais frágil, que não pegue.)

- "Ninguém conversa comigo". Uma jovem professora que ficou afastada do trabalho durante algum tempo, depois de sofrer dois abortos em um ano, ficou arrasada porque nenhum dos colegas lhe fez uma visita, nem se comunicou com ela depois dessas perdas. Isso provavelmente se devia ao constrangimento deles por não saberem o que dizer — mas não é desculpa para falta de sensibilidade. Quando ela esbarrou em uma colega no supermercado, esta simplesmente lhe perguntou "Está melhor agora?", como se ela tivesse tido um resfriado ou uma gripe.

82   *Luto*

É importante para qualquer mulher que tenha sofrido um aborto para o qual não houve explicação plausível dar a si mesma algum tempo antes de tentar engravidar de novo. Há uma grande tentação de preencher o vazio emocional tendo um bebê o mais rápido possível, porém, independentemente do fato de ser necessário readquirir o equilíbrio hormonal para uma futura gravidez chegar a bom termo, a estabilidade mental e emocional também são importantes.

Como um aborto pode afetar gravemente a confiança de uma mulher em gravidezes futuras, dê a si mesma o tempo necessário para estar tão bem física e emocionalmente quanto possível. Em alguns países, existem instituições excelentes, especializadas em cuidar da mãe e do pai antes da concepção, de modo a assegurar que ambos estejam em ótimo estado físico e emocional antes que o bebê seja concebido.

NATIMORTOS

A morte de um bebê transforma-se em um parto de natimorto depois da vigésima-quarta semana de gestação. Como a essa altura a criança esteve crescendo e se mexendo há algum tempo, a mãe estará pensando nela como se já tivesse nascido. Talvez tenha preparado um quarto em casa; ela pode ter comprado uma coleção de pequeninas roupas enroladas em papel de seda; até o nome do bebê já pode ter sido escolhido. A perda nesse estágio é naturalmente devastadora para os pais, mas o é em particular para a mãe que é quem estava carregando o filho dentro de si.

Muitos hospitais permitem hoje que se tire uma fotografia da criança inteiramente formada que não sobreviveu. Conheço várias mães que mandaram tirar uma fotografia e, embora tenha sido triste demais olhar para ela durante algum tempo, mais tarde acharam bom ter uma lembrança física do filho que perderam. Portanto, se você sentir a mesma vontade e houver essa possibilidade, aproveitá-la pode ajudar a longo prazo.

Também ajuda dar um nome ao bebê, mesmo que você jamais possa levá-lo para casa. Tudo o que puder ser feito para reconhecer a existência da criança lhe trará conforto depois que você superar o trauma imediato da situação. Nesse estágio é possível que você queira providenciar um funeral e um culto religioso, e muita gente se sente reconfortada com essas medidas.

Se as pessoas não sabem o que fazer ao se dirigir a uma mulher que sofreu um aborto, a situação é ainda pior quando se trata de um natimorto. Infelizmente, não existem "palavras apropriadas" para um momento desses e as pessoas costumar ficar com medo de abrir as comportas de um dique e fazer rolar um dilúvio de lágrimas que não vão conseguir estancar. Se você conhece alguém nessa situação, a única coisa que esse alguém precisa é ter seus amigos e a família a seu redor. Se não conseguir pensar em nada para dizer, dê-lhe um abraço e faça-a sentir que você está ali. Isso é tudo que se pode fazer. Ninguém pode tirar a dor que ela está sentindo, mas você pode ao menos fazê-la entender que não está sofrendo sozinha.

Se uma tragédia dessas aconteceu em sua vida, procure uma oportunidade de falar a respeito, e use-a. Caso se sinta realmente incapaz de falar com os que lhe são mais próximos, procure um profissional para ajudá-la. Um conselheiro de boa formação e bem qualificado tem condições de lhe dar apoio nos momentos mais difíceis e ajudá-la — quando estiver preparada — a fazer planos para o futuro.

84   *Luto*

MORTE NO BERÇO

Deve haver poucas coisas mais terríveis do que entrar no quarto onde você colocou seu bebê para dormir saudável e feliz e descobrir que esse bebê morreu sem nenhuma razão imediatamente aparente. Embora as estatísticas mostrem que o número de mortes no berço está diminuindo, elas ainda acontecem a um número muito grande de pais todos os anos.

Independentemente da tragédia óbvia de perder um filho, os pais têm de se perguntar se algo feito ou deixado de fazer por eles causou ou contribuiu para a morte da criança. Suponha que um deles tenha deitado o bebê numa posição diferente... E se o berço fosse de outro material? Por que nenhum deles entrou no quarto dez minutos antes? Todas essas perguntas e muitas outras passam pela cabeça dos pais nesse momento horrível.

Não há respostas, porém. Até os especialistas vão dar respostas conflitantes a essas perguntas. Muitas teorias já foram apresentadas e muitas sugestões feitas, mas ninguém tem certeza absoluta das causas para as mortes no berço. Se aconteceu com você, não se censure. Você fez tudo o que estava a seu alcance para cuidar bem do filho que amava mas, seja qual for o motivo, essa criança não estava destinada a sobreviver e crescer — em todo caso, não neste mundo.

Em um momento como esse, depois que o trauma imediato for superado, os pais vão ter grande necessidade de companhia e apoio. À parte o pesar extremo que estão sentindo, precisam ver que não há acusações nos olhos de seus amigos se quiserem libertar-se do sentimento de responsabilidade pela tragédia.

Um dos efeitos de passar por uma morte no berço é a probabilidade dos pais ficarem exageradamente ansiosos em relação a qualquer outro filho que venham a ter no

A perda de um filho 85

futuro. Conheço mulheres que, depois do nascimento de outro filho, recusavam-se terminantemente a ir a qualquer lugar, de noite ou de dia, a menos que a criança fosse junto. Uma mãe colocou o berço ao lado de sua cama e acordava de meia em meia hora durante a noite para ver se a criança ainda estava respirando. Embora seja bastante compreensível, não é bom nem para a mãe nem para o filho.

A única coisa a fazer é, naturalmente, tomar todos os cuidados e precauções para a segurança do bebê e depois tratá-lo da maneira mais normal possível. Sufocar seu filho com atenção e cuidados vai esgotar e estressar você, além de asfixiar a personalidade dele.

DOENÇA

Algumas crianças nascem com uma doença fatal ou — como a pequena Jessica — adquirem-na na primeira infância. Outras perdem a vida depois de um período relativamente curto de doença. Em todos esses casos, deixam um vazio na vida dos pais e da família, causando grande tristeza e sofrimento.

Se seu filho tem uma doença crônica e você sabe que essa doença provavelmente será responsável por lhe encurtar a vida, você tem uma decisão muito importante a tomar: fazer tudo o que puder — dentro dos limites da enfermidade — para deixar seu filho ter a vida mais ativa e plena possível, mesmo que isso signifique que essa vida seja um pouco mais curta do que seria, ou protegê-lo ao máximo do mundo exterior, aumentando com isso a duração de sua vida, ainda que não melhore a qualidade dela. Seria uma impertinência minha procurar tomar essa decisão em seu lugar; aspectos diferentes terão de ser levados em conta em cada caso e muita reflexão — e conselhos sensatos — terá de fazer parte da tomada de decisão. Mas

86 *Luto*

insisto com você para pensar muito antes de tomá-la e colocá-la em prática. É algo que vai ajudar a evitar os "Se eu não..." que atormentam com freqüência os pais enlutados.

Lembre-se também — caso tenha perdido um filho depois de uma doença, quer ela tenha tido ou não grande duração —, ser muito provável que sua própria saúde física e emocional tenha ficado abalada. Pode muito bem ter havido noites sem dormir ou trabalhos físicos pesados envolvidos nos cuidados com seu filho — e, embora evidentemente, você tenha feito tudo de boa vontade e com amor, mesmo assim o processo pode ter cobrado seu tributo nos termos de seu bem-estar físico. Além disso, você deve ter sofrido os tormentos de saber o que provavelmente ia acontecer, e a tensão que isso provocou igualmente pode ter afetado sua saúde. A maioria das pessoas consegue lidar razoavelmente bem com a situação enquanto está acontecendo, mas, assim que ela termina, todo o acúmulo de tensão física, mental e emocional manifesta-se de uma forma ou de outra.

Apesar de ser difícil pensar em você quando seu filho acabou de morrer, é vital cuidar de si mesmo agora. Para alguns, o sono não vem com facilidade no início; outros querem dormir (fechar-se para a realidade) o tempo todo — mas você pode praticar uma técnica de relaxamento que terá um efeito regenerador na mente e no corpo. Talvez você não sinta vontade de comer, porém existem fontes excelentes de vitaminas e sais minerais essenciais.

Se você tem outros filhos, se tem esperança de ter outro no futuro — ou se não quer trair o amor da criança que acabou de perder —, você deve a si mesmo o cuidado com sua saúde.

Aqueles que acreditam em uma vida depois desta também crêem que, nesse outro mundo (seja ele qual for), ficamos inteiros de novo. Seja qual for o lugar para onde

A perda de um filho   87

seu filho foi, lá não existe dor, nem sofrimento, nem medo. Uma mãe, cujo filho de dez anos morreu de câncer três anos depois de amputar uma perna por causa da doença, disse-me que costumava sonhar com ele regularmente. No início, ela via o filho como no último ano de sua vida, mas aos poucos ele começou a parecer mais saudável e, um dia, ela o viu correndo de verdade por um campo com as duas pernas boas. Seria a imaginação fantasiosa de uma mãe enlutada? Não acho. Se há um lugar para onde vamos e se nele existe paz e sabedoria, para mim faz sentido que todos estejamos suficientemente bem para usufruí-lo.

Mesmo que você ache que não existe absolutamente nada depois da morte, deve aceitar o fato de que seu filho não está mais sofrendo. Portanto, chore tudo o que tiver de chorar —, mas lembre-se de que está chorando por si mesma e pela perda que sofreu. Sejam quais forem suas crenças, seu filho não está sofrendo agora.

ACIDENTE

Por definição, acidente é uma ocorrência súbita — e, por isso mesmo, o choque sofrido é ainda maior. Quando acontece a morte, ela pode ser imediata ou se seguir a um período prolongado de sofrimento e ansiedade. A tensão sentida pelos amigos e parentes enlutados é ampliada; numa hora seu filho estava ali, saudável e forte e, na hora seguinte, está morto. Surpreende que a culpa das pessoas enlutadas seja enorme num momento desses? "Se não tivéssemos deixado que ela atravessasse a estrada sozinha... "Por que ele não veio direto para casa?" "Eu nunca devia tê-lo deixado fazer aquela excursão..."

Já lhe falei sobre minhas crenças no progresso do espírito de uma vida para outra como parte de um processo evolutivo. Embora não acredite em predestinação com rela-

88 Luto

ção a tudo, acredito que o espírito decide antes de chegar a esta vida qual será o momento da morte — não necessariamente a forma dessa morte, mas com toda a certeza o momento em que ela vai acontecer.

Basta olhar para o número de pessoas que — aparentemente por acaso — estavam no lugar certo ou errado de um desastre qualquer para verificar que parece ter sido determinado que alguns morressem, e outros vivessem. Temos o exemplo de dois casais que — por motivos completamente diferentes — se atrasaram para chegar ao porto e por isso perderam os lugares que tinham reservado no *Herald of Free Enterprise* quando o barco içou as velas e partiu. Algumas pessoas trocaram de lugar pouco antes do desastre no estádio de futebol Hillsborough — os que estavam no centro da área do desastre sobreviveram, ao passo que os que estavam em um local de mais segurança infelizmente morreram.

Houve o caso de uma senhora que sobreviveu miraculosamente a uma colisão de trens na Inglaterra alguns anos atrás. Ela ficou tão deprimida que seus dois filhos resolveram dar-lhe um presente de Natal especial e mandaram-na visitar a família nos Estados Unidos. O avião em que estava caiu em Lockerbie.

Se é verdade — e acredito piamente que existe evidência suficiente mostrando isso — que a hora de nossa morte é marcada de antemão, como é que você pode se responsabilizar de alguma forma por um acidente com seu filho, acidente que estava além de seu controle? Isso não significa, evidentemente, que não devemos tomar todo o cuidado e prestar toda a atenção que pudermos ao longo de toda a vida. Não é bom pensar "Só vou morrer quando chegar a hora" e começar a correr riscos bobos. Se não for sua hora de morrer, você pode ficar horrivelmente machucado. Portanto, a crença na predeterminação do momento

A perda de um filho 89

da morte não o absolve de assumir responsabilidades enquanto estiver vivo.

Se você não estava presente quando seu filho morreu em conseqüência de um acidente, pode haver um elemento de incredulidade. "Devem ter entendido mal", "Logo ele vai estar de volta", "Deve ter sido outra pessoa". Ir à cena do desastre — ou o mais próximo possível dela — não é indício de morbidez das pessoas enlutadas. Para muita gente, ajuda a transformar o pesadelo em realidade — e, por mais terrível que seja, é preciso encarar a realidade se quiser começar seu processo de recuperação.

Muitos pais que perderam os filhos em acidentes encontram algum conforto tentando fazer algo positivo para garantir que outros pais e mães não sofram a mesma perda que eles. Fazer uma campanha para uma nova faixa de pedestres ou para a criação de regulamentações que ofereçam mais segurança em um acampamento de jovens pode não trazer seu filho de volta, mas ajuda realmente a acreditar que ele não morreu em vão e que sua vida, apesar de curta, teve grande sentido e propósito e beneficiou outras pessoas.

CRIME

Felizmente, seja o que for que leiamos nos jornais, o número de crianças que morre em conseqüência de um ato criminoso é relativamente pequeno — embora a morte de uma única criança seja um absurdo. Mas esse número está aumentando, o que significa também que um número crescente de pais é obrigado a conviver com o fato de a morte de seu filho ter sido causada pela ação deliberada de alguém. Às vezes, essa ação é voltada contra uma determinada criança; outras, é resultado de agressões como os "rachas" de automóveis, onde a vítima estava no caminho por um simples acaso.

90   *Luto*

Os pais dessas crianças não têm de enfrentar somente todos os aspectos habituais do luto; precisam lidar também com os sentimentos em relação aos perpetradores desses crimes. Deve ser muito fácil para eles deixar o coração e a cabeça encherem-se de ódio e de pensamentos de vingança; ao fazerem isso, contudo, permitem ao criminoso roubar o futuro não apenas de seu filho, mas também o deles.

Há inúmeros exemplos de pais que tiveram suas vidas desintegradas depois da morte de um filho em conseqüência de um crime — levando ao divórcio, à violência ou à doença mental. Também há exemplos daqueles que transformaram sua tragédia pessoal em bem público. Pense em Diana Lamplugh, cuja filha Suzy desapareceu e presumivelmente foi morta depois de um encontro com um tal de sr. Kipper. Desde essa época, ela mostrou notável força espiritual e gastou sua infindável energia ensinando a outras mulheres jovens qual a melhor forma de se protegerem. E Gordon Wilson, cuja filha morreu em conseqüência da explosão de uma bomba em Enniskillen? Teria sido tão fácil passar o resto de sua vida atolado num pântano de ódio e vingança... Em vez disso, ele voltou sua atenção para o trabalho em prol do processo de paz, para que outros pais pudessem ser poupados desse sofrimento. Da mesma maneira, Colin Parry, o pai de Tim, um dos dois meninos mortos por uma bomba do IRA em Warrington, está fazendo campanha pela paz, vendo sua contribuição como um tributo mais apropriado à memória do filho do que se estivesse constantemente pensando nos resultados devastadores do conflito.

Esses são apenas três entre muitos exemplos de pais corajosos que resolveram transformar sua tragédia pessoal em um benefício para outras crianças ou para o mundo em geral. Como esses filhos devem estar orgulhosos deles agora!

A *perda de um filho* 91

Suponha que esses pais não tivessem conseguido transformar sua tragédia pessoal num bem público; o que teria acontecido? Não teria feito a menor diferença para seus filhos que morreram de forma tão triste — mas teria feito uma grande diferença tanto para eles próprios como para o mundo em geral.

O mundo beneficiou-se e vai continuar se beneficiando com o altruísmo e a dedicação desses pais enlutados. No nível terreno, esses pais estão trabalhando seu sofrimento e seu pesar para transformá-los em ações que beneficiarão os filhos de outras pessoas — o que, em si, já é uma forma de terapia. Espiritualmente, devem ter dado um passo gigantesco em sua evolução pessoal. Se não tivessem feito isso — se estivessem determinados a concentrar-se em sua raiva, em seu ódio e em sua amargura, o que lhes teria acontecido? Com certeza teriam sofrido tanto psicológica quanto fisicamente, pois toda emoção negativa, retida e remoída por um longo período de tempo, tende a aumentar, e um corpo repleto de negatividade tende a se desintegrar de alguma forma. Isso, por sua vez, tão-somente aumenta os motivos para terem raiva e todo o círculo vicioso se inicia de novo.

Isso sem levarmos em conta a saúde espiritual. Se, como sugeri antes, nos deparamos com "lições" potenciais da vida, mas devemos escolher por conta própria aprender com elas ou não, com certeza alguém que permite que a amargura domine sua vida — ainda que seus motivos sejam legítimos — também estará se deixando ficar para trás espiritualmente.

Doação de órgãos

Uma das formas pela qual muitos pais, que perderam tragicamente um filho, tentam tirar algum bem desse mal é permitindo o transplante de órgãos do corpo do filho. Esses

92   *Luto*

órgãos podem ser usados para salvar a vida não só de uma, mas de várias outras pessoas.

Uma jovem mãe, cuja filha de nove anos morreu em um acidente de carro, disse-me que para aceitar sua perda foi de grande ajuda saber que sua menininha tinha devolvido a visão a duas pessoas, salvado a vida de outra criança condenada a viver acoplada a uma máquina que cumpre as funções renais e evitado a morte de outra, cujo fígado e coração eram defeituosos. Ela disse estar muito orgulhosa por sua filha ter salvado a vida e a saúde dessas pessoas e, embora sua morte fosse uma fonte de sofrimento pessoal, de certa forma parecia que ela não morrera, que ainda vivia em todas essas pessoas.

Muita gente ainda hesita em permitir a doação de órgãos — principalmente dos filhos — e, no entanto, depois de conversar com muitos pais que permitiram isso, nenhum deles jamais se arrependeu e todos sentiram ter feito algo que deu um sentido especial à vida de seu filho.

Se sua vida foi abalada pela perda de um filho querido — quaisquer que tenham sido as circunstâncias —, aqui estão algumas recomendações que podem ajudá-lo a aceitar o que aconteceu.

- Procure pensar em termos mais amplos e não apenas naquilo que acontece durante nossa vida terrena. Mesmo que você não entenda *por que* seu filho lhe foi tirado, talvez ajude pensar que tudo isso faz parte de um grande plano espiritual que está além de nossa compreensão.
- Se você puder aceitar essa maneira de pensar, acreditará então que seu filho deve ter sido um espírito extremamente evoluído, já que não teve necessidade de permanecer nesta vida durante muito tempo.

A perda de um filho 93

- Ponha de lado todos os sentimentos de auto-acusação. Não é culpa sua — quer se trate de aborto, morte no berço, acidente ou qualquer outra tragédia. Encher-se de culpa não vai trazer seu filho de volta e apenas fará mal a você e àqueles a quem ama.
- É importante conversar. Você pode se sentir tentado a se afastar da vida — principalmente do contato com os filhos de outras pessoas —, mas isso só pode lhe fazer mal. Quanto mais tempo se mantiver isolado, tanto mais difícil será voltar de novo à vida. Não importa se prefere conversar com familiares, amigos ou conselheiro profissional, desde que *converse*.
- Procure entender seus amigos se eles não souberem o que lhe dizer. O simples fato de estarem ali, demonstra que seus corações e pensamentos estão junto de você. Não os rejeite.
- Se você sofreu um aborto, não deixe de fazer alguma coisa para comemorar a vida do filho que não nasceu. Se for religiosa, certamente dispõe de vários rituais que podem lhe fazer bem. Se não for, algo simples como plantar uma árvore ou comprar um ursinho pode lhe dar uma prova física da existência de seu bebê.
- Lembre-se de que, ao chorar, você está chorando por si mesma — e não há nada de errado nisso. Mas, sejam quais forem as suas crenças, nada pode fazer seu filho sofrer.
- Cuide de sua saúde. Você está passando pela experiência mais estressante que pode acontecer a qualquer pessoa e esses extremos de tensão podem provocar um colapso da saúde física e mental. Portanto, faça o possível para repousar o suficiente — mesmo que no início seja difícil dormir. Tome providências no sentido de cuidar de suas necessidades nutricionais —

94 *Luto*

usando suplementos de vitaminas e sais minerais se perceber que não tem vontade de comer.

- Se seu filho não estava em casa quando morreu, você pode achar que fazer uma visita deliberada ao local do acontecimento ajuda a aceitar a realidade.
- Se a morte foi causada por outra pessoa — acidental ou deliberadamente —, procure não se deixar encher de ódio ou pensamentos de vingança. É claro que esses sentimentos são muito compreensíveis, mas não podem fazer bem nenhum ao filho que você perdeu e podem mutilar você emocionalmente pelo resto da vida.
- Examine o que é possível fazer para extrair algum bem de sua tragédia pessoal. Funde uma instituição de levantamento de fundos, permita a doação de órgãos ou faça campanhas para mudar coisas que evitarão que outros pais sofram como você; mantenha a memória de seu filho viva de uma forma que traga o máximo de benefício aos outros.
- Entenda que você tem de passar por todos os estágios do luto e que precisa fazer isso no seu próprio ritmo. Não existe um período "certo" para o luto. Porém, entenda também que o maior tributo que pode prestar à memória de seu filho é, quando você estiver preparado, continuar sua vida da maneira mais positiva possível — sabendo que um dia vocês estarão juntos de novo.

CAPÍTULO 6

Casos especiais

Não existe perda que seja fácil enfrentar e toda morte é uma fonte de sofrimento pessoal para alguém. No entanto, há certos casos em que essa dor é aumentada e intensificada a um nível quase além do suportável.

SUICÍDIO

Saber que alguém a quem você amou e por quem se preocupou chegou a um ponto tão crítico e ficou tão desesperado que o único recurso que lhe restou foi acabar com a própria vida é algo quase intolerável. Embora, como vimos, o sentimento de culpa (justificado ou não) comumente esteja presente na maioria dos lutos, em nenhum caso ele é mais forte do que no luto pelo suicídio. Os que choram essa morte ficam se perguntando por que não perceberam o desespero da pessoa, ou se havia algo que poderiam ter feito para evitar tal desfecho.

O próprio ato de acabar deliberadamente com a própria vida significa que o equilíbrio mental da pessoa estava perturbado, embora provavelmente só por algum tempo. O instinto humano é o de sobrevivência. Basta pensar nas pessoas que sobreviveram aos horrores dos campos de concentração, ou que conseguiram voltar depois de estar à beira da morte por causa de um acidente ou de uma doença terrível, para entender que todos os seres humanos, quando

96   *Luto*

agindo e pensando normalmente, são capazes de qualquer extremo para sobreviver.

Se puder aceitar essa premissa e entender que a pessoa que cometeu suicídio não estava pensando normalmente naquele momento, então você poderá entender que não havia nada que se pudesse fazer para evitar essa morte. Talvez você conseguisse adiá-la, mas, se a pessoa continuasse decidida, acabaria achando um momento e um lugar para tentar de novo.

Só conheci uma pessoa, um amigo muito querido, que tirou a própria vida e lembro-me de meus sentimentos de culpa na época. Foi há poucos anos e ele deve ter chegado a um ponto tão crítico de sua vida que resolveu não continuar. E não era um grito de socorro — ele realmente queria ir embora. Foi para um lugar que ele sabia estar deserto, para que não houvesse a menor possibilidade de ser encontrado antes do fato consumado.

Eu tinha falado com esse amigo por telefone dois dias antes. Tivemos uma conversa longa e agradável, durante a qual ele parecia estar como sempre estivera. Depois de ficar sabendo como foi que ele se suicidou, repassei mentalmente aquela conversa muitas e muitas vezes, perguntando-me se eu deixara de perceber sinais de angústia que deveria ter notado, ou se havia palavras que eu poderia ter usado para levá-lo a mudar de idéia. Precisei de algum tempo para aceitar o fato de que não havia nada que eu pudesse ter feito. A pessoa que falou comigo por telefone naquele dia não era a mesma que resolveu acabar com a própria vida apenas dois dias após

Outras pessoas passaram algum tempo com esse amigo na véspera da tragédia — e elas também não perceberam nada em suas atitudes ou palavras que sugerisse o que estava prestes a acontecer. O que se passou entre a tarde de sábado, quando tudo parecia normal, e as primeiras horas da manhã de domingo, quando ele foi de carro para

Casos especiais 97

um lugar isolado e, pela janela do automóvel, enfiou um tubo que vinha do escapamento de seu carro, ninguém nunca vai saber. Ele deixou notas que rabiscara apressadamente, escritas na manhã de domingo, mas elas nada nos disseram, exceto que — naquele momento — ele estava convencido de que era a coisa certa a fazer.

Por mais que amemos e queiramos o melhor para aqueles que nos cercam, não podemos assumir responsabilidade pelos atos dos outros — e você não pode se responsabilizar pelo ato de alguém acabar com a própria vida, mesmo que queira.

O único caso em que esse comportamento é compreensível é quando uma doença terminal foi diagnosticada. Não estou insinuando que essa é a coisa certa a fazer — só que é uma atitude que a maioria de nós pode entender. Ninguém quer pensar que tudo o que se espera da vida é uma debilidade crescente acompanhada talvez pela dor e a total dependência dos outros. Contudo, tanta gente travou batalhas contra essas doenças e as venceu — muitas vezes vivendo meses ou até anos de forma muito diferente da existência anterior, mas que, apesar disso, tinha o seu valor.

Pense em Roy Castle, o humorista inglês. Ele sabia que estava morrendo de câncer do pulmão, mas continuou rindo e representando até o fim. A "hora extra" que lhe foi dada pode não ter sido muito longa — pense porém no que ele fez dela. Não só provou ao mundo que era possível sorrir em momentos de grande adversidade, como também escreveu cartas pessoais de esperança e inspiração para muitos outros portadores dessa doença — alguns dos quais estavam prestes a desistir, mas, com a ajuda de Roy, recuperaram a vontade de viver e (no momento em que escrevo estas palavras) continuam aqui, mantendo uma real qualidade de vida.

Portanto, aceite que você está fadado a ter algum sentimento de culpa se alguém que você ama tirou a própria

98   *Luto*

vida. Pois, como vimos, a maioria das pessoas enlutadas se sente culpada por alguma coisa — é um componente normal do processo de luto. Você vai acabar por se liberar dessa culpa e aceitar que coube ao indivíduo decidir o que fazer naquele momento de desequilíbrio.

A outra emoção que acompanha o suicídio de alguém próximo é a raiva. Lembro-me de senti-la em relação a esse meu amigo . Que ousadia a dele causar esse sofrimento à família e aos amigos! Que ato cruel e egoísta ter pensado somente nos próprios sentimentos e não nos daqueles cuja vida estava destruindo nesse processo.

Entretanto, logo percebi que essa emoção também não tinha sentido. O homem bom e compassivo que eu conhecera durante anos nunca teria ferido ninguém deliberadamente, menos ainda os membros mais íntimos de sua família, aos quais era muito apegado. Porém, a pessoa que tirou a própria vida naquela fria manhã de domingo não era o homem que eu conhecera durante anos. Ele estava diferente por causa dos efeitos da perturbação mental que sentia no momento. Nesse caso, de quem eu estava com raiva? Não do meu amigo, mas de alguém completamente estranho.

Pelo menos é possível entender que, qualquer que fosse o tormento mental pelo qual a pessoa passava, agora ele ou ela está em paz. Quer você acredite ou não que há outro lugar depois desta vida, sempre é o fim de todo sofrimento — físico ou mental.

E se você aceita a teoria de que seu espírito escolhe o momento da morte desde o início da vida (ainda que não escolha a forma de morrer), então não há nada que pudesse ter feito para evitar que essa vida terminasse naquele dia.

Se a pessoa que cometeu suicídio fez uma opção no dia de sua morte, você tem outra opção a fazer depois do corrido. Pode optar por passar o resto de sua vida remoendo o que ela fez e atormentando-se com pensamentos do tipo "Se ao menos ...."; ou aceitar que, no momento em que acabou com a própria vida, essa pessoa não era realmente aquela que você conhecia e fazer o possível para se lembrar dela em seus melhores momentos — como tenho certeza de que ela preferiria ser lembrada. Seja qual for sua opção, você não tem como ajudar nem como prejudicar a pessoa que morreu — mas, com toda a certeza, pode afetar toda a sua vida (e, por conseguinte, a vida de todos a seu redor) durante os próximos anos.

Portanto, envie pensamentos ou orações para que o espírito dela se cure e tenha condições de encontrar a paz, esteja onde estiver agora, e concentre-se em todos os bons momentos em que essa pessoa foi ela mesma.

A PERDA DO COMPANHEIRO

Descobrir que você está sozinho, sem seu companheiro querido — quer vocês tenham ficado juntos durante quatro meses ou quarenta anos —, pode ser devastador. Além da tristeza, há muitas coisas práticas a resolver e, às vezes, a responsabilidade de lidar com tudo pode parecer demasiada.

Os problemas que surgem podem variar — muitas vezes em função da faixa etária do cônjuge que enviuvou —, todos eles, porém, trazem suas dificuldades.

Para os de uma geração mais antiga, surgem as realidades práticas de enfrentar a vida cotidiana. As coisas mudaram consideravelmente ao longo dos anos, mas ainda há muitos idosos que foram criados numa época em que o homem tomava conta das finanças, enquanto a mulher era responsável pela administração do lar e pelo preparo das refeições.

Conheci várias mulheres de setenta e poucos anos que de repente se viram, pela primeira vez na vida, tendo de

100   *Luto*

lidar com talões de cheque, apólices de seguro e decisões financeiras — e para quem isso era aterrorizante e muitíssimo estressante.

Muitos homens dessa idade não têm a menor idéia de como pôr a máquina de lavar roupa para funcionar, nem de como preparar refeições nutritivas e, muitas vezes por não quererem parecer bobos, hesitam em pedir ajuda a quem quer que seja.

Se uma dessas situações se aplica a você, por favor, não demore em pedir ajuda — a um amigo, a um membro da família ou (principalmente no caso das finanças) a um profissional. Enfrentar a morte de um companheiro já é bem difícil sem todos esses problemas adicionais. E eles podem ser superados muito rápida e facilmente. Só é preciso que lhe mostrem uma vez como preencher um cheque ou como fazer a máquina de lavar roupa funcionar — você vai conseguir repetir o procedimento depois. Então, por que ficar sofrendo e aumentando os problemas que já tem?

Quem tem uma casa grande que precisa do salário do casal para ser mantida pode se perguntar se ainda vai continuar vivendo nessa mesma casa ou se vai perdê-la também. Mesmo que você não tenha de pagar as prestações da casa ou seu contrato seja do tipo que garanta a quitação do imóvel com a morte de um dos cônjuges, ainda há a manutenção e a conservação a considerar. E só um salário para cobrir todas as despesas.

Se isso se aplica a seu caso, procure um especialista o mais rápido possível. As coisas em geral não são tão ruins quanto podem parecer à primeira vista e você pode evitar muitas noites insones descobrindo exatamente em que pé estão as coisas.

Como era natural, Lizzie ficou arrasada quando Malcolm morreu de repente depois de um período relativamente curto de doença. Sempre tinham tido uma vida confortável, vivendo numa casa grande no subúrbio e mandando

Casos especiais 101

os dois filhos adolescentes para escolas particulares. Um seguro de vida garantia que a casa seria imediatamente quitada com a morte de Malcolm, e outro dava a Lizzie o que parecia no início ser uma grande quantia de dinheiro. No entanto, ao fazer as contas, Lizzie começou a ficar cada vez mais preocupada. Já havia anos que ela não trabalhava fora e, mesmo se tivesse a sorte de arranjar um emprego qualquer, certamente não conseguiria um do tipo que lhe proporcionasse um salário alto. Não teria de pagar as prestações da casa, mas ainda havia a manutenção — o que incluía decoração, aquecimento, conservação de dispendiosos jardins. As mensalidades da escola dos meninos pareciam aumentar todo ano e, ainda por cima, ela tinha de conseguir dinheiro para todos os "extras" — uniformes, excursões etc. Apesar de isso ser difícil, Lizzie não queria que os filhos sentissem que a falta de fundos os estava impedindo de fazer todas as coisas que seus amigos faziam.

Portanto, além do sofrimento pela morte de Malcolm e de ter de lidar com as emoções de seus filhos nessa época difícil, Lizzie foi ficando cada vez mais preocupada com dinheiro. Não querendo traumatizar os meninos mais ainda, tirando-os da única casa que tinham conhecido na vida, resolveu não dizer nada e fazer o melhor possível para administrar suas finanças de forma a continuar vivendo como antes.

À medida que um mês dispendioso se seguia a outro, a tensão de enfrentar os próprios problemas financeiros gerou angústia em Lizzie. Esse problema não foi nem um pouco amenizado pelo fato de Lizzie passar agora grande parte do tempo sozinha, pois os meninos estavam fora de casa e ela não sentia muita vontade de ter uma vida social intensa. Isso lhe deu tempo para pensar e, quando seus pensamentos se tornaram negativos, não havia ninguém com quem desabafar. Acabou ficando muito doente, sem

102   *Luto*

conseguir comer nem dormir — o que a levou a se preocupar mais ainda: quem cuidaria dos meninos se algo lhe acontecesse?

Finalmente Lizzie fez o que devia ter feito desde o começo. Foi procurar o contador de Malcolm e o advogado da família. Explicou-lhes toda a situação e pediu-lhes conselhos. Como resultado, ela resolveu vender a casa enorme e mudar-se para outra menor que podia ser comprada imediatamente. Desse modo, conseguiu investir a diferença do valor das casas em algo que lhe rendia uma quantia razoável de juros — e muita paz de espírito.

Os meninos não ficaram nem um pouco aborrecidos por se mudar, como Lizzie temia que acontecesse. Em primeiro lugar, jovens adolescentes não ficam terrivelmente preocupados com as diferenças entre uma casa e outra e, em segundo, ficavam na escola a maior parte do tempo.

Se o pesar pela morte de seu companheiro for agravado pelas preocupações relativas à sua casa, a suas finanças em geral ou a seus filhos, é importante procurar ajuda profissional de alguém em quem possa confiar. A última coisa de que você precisa é de pressões extras num momento em que suas próprias emoções podem estar dificultando mais do que de costume a sua capacidade de pensar clara e logicamente.

Outra pessoa que em geral é extremamente afetada pelas preocupações financeiras é a mulher que enviuva muito jovem. Em função da instabilidade do atual sistema de pensão corrente na Inglaterra, por exemplo uma mulher com menos de quarenta e cinco anos não está qualificada para receber uma pensão de viúva (embora, se tiver filhos dependentes, tenha direito à pensão de mãe viúva).

Quando fiquei viúva, em 1982, a idade mínima para receber a pensão era de quarenta anos. Embora eu naturalmente tenha ficado contente por receber a pensão de viúva

Casos especiais 103

(sendo as coisas como são), meus filhos estavam no fim da adolescência naquela época, portanto eu podia trabalhar em regime de tempo integral sem me preocupar com babás, escolinhas, outras crianças com quem as minhas pudessem brincar etc.

Nesse mesmo ano, uma amiga também ficou viúva. Ela estava com vinte e oito anos de idade, um filho de dois anos e uma gravidez de seis meses quando o marido teve um colapso repentino e morreu enquanto trabalhava. Ela não tinha direito à pensão de viúva e não estava em condições de conseguir um emprego. A pensão de mãe viúva que passou a receber não era grande coisa e ela teve de solicitar e exigir benefícios suplementares aos setores públicos que tratam desses casos.

Os benefícios adicionais que recebeu tornaram sua vida um pouco mais fácil — embora com certeza não a tenham deixado rica! Mas lembre-se de que ela teve de fazer todas essas solicitações e preocupar-se com as finanças num momento em que tinha acabado de perder o marido e estava prestes a ter um filho. Quando conversamos, ela estava extremamente aborrecida, dizendo achar que ia ter de passar os próximos anos vivendo "da caridade pública".

Qualquer que seja sua idade e situação, se você descobrir que é incapaz de administrar suas finanças sem assistência do Estado, não hesite em solicitá-la. *Não* é caridade. Todos contribuímos para isto durante nossa vida profissional — para que os que estão passando necessidade não sofram. Não é — e provavelmente nunca será — uma quantia generosa, mas é um direito seu, e recebê-la pode amenizar pelo menos algumas das ansiedades pelas quais está passando em seu período de luto.

(Por falar nisso, a história de minha amiga teve um final feliz. Quatro anos depois ela se casou com um homem

104   *Luto*

maravilhoso que a adora, aos dois filhos de seu casamento anterior e aos dois que nasceram da nova união.)

É claro que as preocupações que viúvas e viúvos sentem não se relacionam todas com finanças. Quaisquer que sejam sua idade e situação, têm de se perguntar se vão passar o resto da vida sozinhos, sem um companheiro.

Na época da morte do cônjuge, a maioria das pessoas insiste em dizer que nunca mais vai se casar ou viver com alguém. Primeiro porque parece desleal para com a pessoa que acabaram de perder e depois porque o medo de passar pelo mesmo tipo de sofrimento no futuro é intolerável. Mas, à medida que o tempo passa e a vida começa a voltar ao normal, é muito natural que seus pensamentos se voltem para o futuro e para a possibilidade de ter outra pessoa.

É evidente que alguns vão chegar à conclusão de que não desejam partilhar sua vida com ninguém mais no futuro e que preferem viver sozinhos. Ótimo, desde que seja por opção e que se sintam felizes assim. Outros, no entanto, vão achar que sua vida está incompleta sem um par amoroso. Ótimo também — e, em muitos casos, é um tributo à pessoa que perderam. Essas pessoas não estão tentando "substituir" aquele que se foi, mas tendo vivido uma boa relação afetiva, gostariam de ter a oportunidade de viver isso outra vez.

O problema é que não é fácil conhecer pares amorosos em potencial depois que você passou da fase da discoteca e da boate. Aonde ir? O melhor é freqüentar algum lugar onde possa conhecer gente nova de ambos os sexos, em vez de dar a impressão de estar "caçando alguém". Tenho certeza de que alguns homens e mulheres conhecem o amor de seus sonhos por intermédio de uma agência de casamentos ou clube de solteiros — porém,

Casos especiais 105

essa é a forma menos natural que há de conseguir o que queremos.

Pense no que acontece normalmente quando um homem e uma mulher se conhecem em circunstâncias menos artificiais. A conversa gira em torno de tópicos gerais, eles têm tempo para ir se conhecendo devagar e descobrir o que têm e o que não têm em comum. Se você acabou de pagar uma bela quantia de dinheiro a uma agência a fim de ser apresentado/a a um certo número de namorados em potencial, então, desde o primeiro encontro, é assim que vocês vão estar vendo um ao outro — como namorados em potencial. Não seria o caso de "Essa é uma pessoa que eu gostaria de conhecer", e sim "Será que ela/ele poderia ser o par amoroso adequado para mim?" Assim, o estágio vital do conhecimento superficial estará inteiramente ausente.

Não estou criticando essas agências. O número de pessoas que constam em seus fichários (embora obviamente nem todas sejam viúvas e viúvos) indica que existe gente que acha ser esse o caminho. Mas o número de pessoas que abandona as agências insatisfeitas ou fica em seus fichários durante um período de tempo considerável mostra que certamente não é a resposta para todos os casos.

Nesse caso, onde os viúvos, homens e mulheres, podem conhecer gente nova? A melhor resposta talvez seja descobrir algum lugar onde possa conhecer pessoas com quem tenha interesses em comum. Se você se sente atraído por algum *hobby* — de plantar cactos a fotografar, de esquiar no gelo a criar cães —, existem clubes, sociedades e organizações para atender seus interesses. Se você ainda não tem um *hobby* específico, pode matricular-se em um curso noturno e estudar qualquer tópico que o atraia. Se fizer isso em função de um interesse pessoal e para conhecer gente nova em geral, com certeza vai melhorar sua qualidade de vida e fazer novo círculo de conhecidos, e talvez

106 *Luto*

de amigos. Se conhecer alguém com quem acabe se envolvendo emocionalmente, tanto melhor.

Talvez mais que qualquer outro grupo de pessoas enlutadas, aqueles que enviuvaram tendam a ser os que mais sentem verdadeiros acessos de culpa na primeira vez em que se surpreendem rindo de novo, beijando alguém de novo ou fazendo sexo de novo. E quanto mais tempo ficaram com seu cônjuge, tanto mais intensa parece ser a culpa. Imagine, no entanto, a situação contrária. Suponha que você tivesse sido a pessoa que morreu, deixando para trás alguém a quem realmente amava. Será que ia realmente querer que essa pessoa vivesse uma vida permanentemente solitária, evitando a possibilidade de qualquer relação amorosa profunda e significativa no futuro? Acho que não. Você ia querer que seu grande amor fosse feliz e tivesse outra vez uma vida plena e frutífera.

Se é isso o que gostaria que acontecesse com seu companheiro se fosse você que tivesse morrido, não chega a ser um insulto à memória do seu cônjuge supor que ele ou ela desejaria menos para você? É claro que você pode optar, por motivos pessoais, por não se envolver emocionalmente de novo — é um direito. Trágico seria se quisesse realmente outra relação afetiva e a culpa ou uma lealdade equivocada o detivesse.

Os viúvos de ambos os sexos costumam achar difícil voltar a ter uma vida social depois que o luto imediato passa. Costumam ficar pouco à vontade para sair de férias sozinhos, ou sentem que estão "avulsos" numa determinada situação social. Contudo, isso não precisa ser assim, pois as coisas não são como eram anos atrás; há muita gente sozinha hoje. Às vezes é uma opção pessoal, às vezes é conseqüência de divórcio ou separação. Na verdade, agora há mais gente vivendo, participando da vida social e viajando sozinha do que jamais houve.

No que diz respeito às férias, há companhias especializadas em férias para pessoas solteiras, que vão desde os clubes para os que têm entre dezoito e trinta anos até para os mais velhos. Portanto, quer você prefira viajar sozinho, com um amigo ou um grupo grande e organizado, suas necessidades serão atendidas.

VÍTIMAS DE CRIME

Como dissemos no Capítulo 5, os que perderam alguém em conseqüência de um ato criminoso por parte de terceiros têm de enfrentar uma raiva enorme, além de todas as outras emoções que estão sentindo. A raiva pode ser dirigida contra o indivíduo ou pessoas envolvidas, ou se dever ao desperdício sem sentido de uma vida preciosa.

Alguns crimes violentos que acarretam a perda de uma vida são deliberadamente planejados para atingir suas vítimas, mas muitos parecem ser o resultado de alguém estar no lugar errado, na hora errada, e é aí que as recriminações (contra si ou contra os outros) vêm para o primeiro plano. "Se ao menos eu tivesse lhe pedido para voltar para casa mais cedo..." "Ela não teria saído de jeito nenhum se nós não tivéssemos discutido..." "Eu não devia tê-la deixado ir sozinha."

Essas recriminações só servem para alimentar a fogueira da raiva. E não levam a lugar nenhum. O que aconteceu, aconteceu. Nem todos os "se ao menos..." do mundo podem mudar o passado. Se você acha que o momento da morte é escolhido pelo nosso espírito, então *alguma coisa* estava fadada a acontecer naquele dia com a pessoa em questão. Mesmo que não aceite essa idéia, não estará fazendo nada para trazer de volta a pessoa que você perdeu, nem se permitindo viver seu luto apropriadamente se ficar enchendo o coração e a mente de raiva.

108 *Luto*

Como tenho a sorte de nunca ter perdido alguém nessas circunstâncias, é evidente que só posso falar teoricamente. Mas, ao longo dos anos, aconselhei muita gente que passou *de fato* por esse tipo de perda e posso lhe assegurar, em função de meu trabalho com essas pessoas, que somente aqueles que conseguem a certa altura liberar-se da raiva continuam em frente e levam sua vida de uma maneira normal e positiva.

Você pode ter lido nos jornais a respeito de pessoas que reagiram de formas extremas depois de perder alguém em conseqüência de um crime violento. Há ainda os que se consomem de ódio e juram vingança contra o criminoso, mesmo que precisem de vinte anos para levá-la a cabo. Compreendo inteiramente e simpatizo com alguém que sinta isso mas, se você examinar a vida dessa pessoa durante todos esses anos, vai encontrar uma história de amargura, de fim de casamento e de falta de saúde. Todo esse ódio não causou nenhum mal ao criminoso (preso ou não) — e com certeza também em nada ajudou a pessoa enlutada, que vive atormentada. Além disso, em vez de conseguir se lembrar das coisas boas vividas com o ente que amou e perdeu tão tragicamente, essa memória agora está desfigurada e manchada por anos de amargura e ódio.

Por falar no outro lado da balança, lembro-me de ter lido há algum tempo sobre uma mãe enlutada cuja filha morerra num acidente provocado por um "racha" de automóveis. Essa mulher encontrou forças para ir até a prisão onde o criminoso estava preso, visitá-lo e lhe dizer que o perdoava.

Tenho de ser honesta e dizer que não sei se teria sido capaz de fazer o que essa mãe fez. Deve ter exigido uma quantidade enorme de coragem e força de vontade enfrentar o assassino da filha dessa forma e lhe dar o seu perdão. Mas com esse ato ela não só se purificou dos efeitos perniciosos de um ódio prolongado, como possibilitou que a

Casos especiais 109

memória da filha não fosse afetada pela amargura e por pensamentos de vingança.

Para a maioria das pessoas, a resposta deve estar em algum ponto entre esses dois extremos. Se você permitir que o ódio pelo perpetrador do crime cresça dentro de si com uma magnitude tal que afete a totalidade de sua vida, com certeza estará correndo o risco de se rebaixar ao nível dele. Não estou dizendo que você não deva querer vê-lo na prisão — possivelmente por muito, muito tempo —, mas é a punição da sociedade, não a sua vingança.

Em alguns casos, é evidente que não há sequer a satisfação de uma sentença de prisão apropriada. As vezes, o perpetrador do crime não é pego, às vezes recebe uma sentença ridiculamente pequena, ou chega mesmo a ser completamente inocentado por falta de provas. Mesmo que isso aconteça, não deixe sua raiva estragar o resto de sua vida e destruir o que deviam ser boas lembranças dos momentos que partilhou com a pessoa que perdeu.

A raiva e o ódio são formas de energia negativa e, como tais, podem ser totalmente destrutivas para quem as sente e, além disso, não levar a nada benéfico. Sua raiva não vai acrescentar nem um dia de prisão à sentença. O criminoso vai sentir remorsos ou não — sua raiva não vai mudar isso. Não vai trazer de volta a pessoa cuja perda você está chorando. Tudo o que vai fazer é encher seu ser de energia negativa, deixando pouco ou nenhum espaço para qualquer coisa positiva ou boa, e sua vida vai perder o sentido.

Por que não voltar essa energia para algo positivo? Dependendo das circunstâncias de sua tragédia pessoal, você pode fazer uma campanha pela melhor iluminação das ruas, por leis mais rigorosas de porte de arma ou por sentenças de prisão mais longas. Ao menos vai estar usando sua energia acumulada em favor de uma boa causa. Pode ser tarde demais para ajudar o ente querido que foi trans-

110   *Luto*

formado em vítima, mas você pode ajudar a evitar que outros se tornem vítimas, ou tornar a vida daqueles que perderam entes queridos mais suportável. E, dessa forma, a morte de alguém que você amou terá um sentido, em vez de ser um desperdício total.

Depois de uma morte causada por crime, pode ser que você seja contatado por alguém de uma instituição de apoio a vítimas. Mesmo que queira ser deixado em paz com seu luto, insisto para deixar essas pessoas ajudá-lo. Além de terem uma formação excelente no tipo de aconselhamento especial que é necessário nesses momentos, elas têm condições de lidar com um grande número de questões práticas, que talvez você não domine. Elas vão acompanhá-lo ao tribunal ou irão em seu lugar, e muitas vezes servirão de ponte entre você e a polícia. Também vão manter contato com você pelo tempo que for preciso — mesmo que seja bem depois dos procedimentos terem sido encerrados.

Chamei a este capítulo de "Casos especiais" — mas é evidente que todo luto é especial para a pessoa que está passando por ele. Se a sua perda se encaixa numa das categorias descritas neste capítulo, você vai sentir todas as emoções que sempre acompanham o luto, porém em grau mais elevado.

CAPÍTULO 7

Quando você tem tempo

Pode ser devastador saber que alguém que você ama profundamente tem um tempo limitado de vida. Ninguém quer ouvir uma notícia dessas e é provável que ela se faça seguir por um período de emoções variadas — que incluem a tristeza, a incredulidade, a raiva, o medo e a ansiedade. Entretanto, depois que esse estágio ficar para trás, você talvez perceba que existem alguns aspectos positivos em saber as coisas de antemão.

Quando alguém aparentemente saudável morre de repente sem nenhum sinal de alarme, os que lamentam sua morte enfrentam não só muitas dificuldades práticas, como também muitas dificuldades emocionais. A culpa, como agora sabemos, que acompanha praticamente todos os lutos, costuma aumentar porque não há mais tempo para resolver diferenças ou esclarecer mal-entendidos. A vida torna-se uma série de "Se ao menos...": "Se ao menos eu tivesse telefonado conforme combinamos..."; "Se ao menos eu tivesse ido visitá-lo..."; "Se ao menos eu tivesse pedido desculpas por aquela discussão boba...".

Quando você dispõe de tempo para reparar todos os erros e dizer todas as coisas que realmente quer dizer, pode minimizar a culpa que sente e ajudar a si mesmo a lidar com a morte quando ela vier, lembrando-se de que teve a oportunidade de esclarecer todos os equívocos que possam ter existido.

112 *Luto*

É claro que às vezes a própria pessoa pode não saber da gravidade de seu caso. Embora hoje a maioria dos médicos acredite que é melhor ser completamente honesto com todos os pacientes, ainda existem alguns — e sou obrigada a dizer que concordo com eles — que procuram avaliar a capacidade de o indivíduo lidar com essa informação. Embora haja pessoas que queiram saber a verdade sobre sua situação para poder travar suas batalhas — e até vencê-las, como vemos em muitos casos documentados —, há outras que ficam tão apavoradas com a notícia e tão prontas a aceitar a inevitabilidade do diagnóstico que podem praticamente se deitar e ficar esperando a morte chegar.

Fiquei sabendo do caso de uma senhora idosa — um tipo nervoso que sofrera de ataques de pânico durante toda a vida — que desenvolveu um tumor cancerígeno. Seu filho, com quem vivia, sabia perfeitamente bem que, se dissesse a verdade, a mãe iria ficar tão angustiada que isso poderia piorar imediatamente seu estado físico. Além disso, sua mãe era de uma geração em que os médicos eram vistos como seres onipotentes que nunca erravam, de modo que nem lhe ocorreria questionar suas palavras ou a exatidão de qualquer prognóstico que lhe apresentassem. Por isso, o filho pediu ao médico para não deixar a mãe saber da verdade sobre seu estado — e o médico concordou. É claro que essa senhora sabia que estava doente e que teria de fazer uma cirurgia, mas, quando a operação terminou, disseram-lhe que a causa de sua doença fora completamente eliminada e que agora ela precisava apenas recuperar suas forças. Foi o que ela fez e, apesar de só ter vivido mais dois anos, foram dois anos muito bons que pôde desfrutar com os filhos e os netos.

Vamos supor, porém, que tanto você quanto a pessoa doente saibam perfeitamente que a doença é terminal. Ao receber essa notícia, vocês percebem que lhes é concedido

Quando você tem tempo 113

um período de tempo para conversar, discutir suas esperanças e medos, expressar seu amor e resolver os problemas que estejam pendentes.

Aproveite esse período ao máximo. Muita gente contorna o assunto da doença ou não o menciona nunca — o que pode ser extremamente angustiante para a pessoa que está doente. Não é que ela queira conversar sobre isso o tempo todo, mas também não quer ignorar o assunto completamente.

Roger tinha trinta e poucos anos quando me procurou. Estava com um câncer que se espalhara por vários órgãos e haviam lhe dito que ele viveria por cerca de mais um ano. O motivo que o levou a me procurar era o da necessidade de ajuda para controlar a dor que (felizmente) só sentia intermitentemente. Depois do período inicial de perturbação emocional, ele aceitara a realidade de seu estado e suas conseqüências — embora tivesse esperanças de que os médicos estivessem pessimistas em seu prognóstico do tempo que lhe restava.

Conversamos muito durante nosso trabalho conjunto e havia duas coisas no primeiro plano da consciência de Roger. A primeira era — de acordo com suas palavras — que queria "Viver de verdade até morrer". Em outras palavras, ele queria aproveitar o máximo cada momento que lhe restava e fazer o maior número possível de coisas que sempre quisera fazer. Elas variavam de andar a cavalo a subir num balão de ar quente e estar em Wembley para o final de um campeonato.

A outra coisa que Roger queria desesperadamente era conseguir conversar com os pais e a irmã sobre o que estava acontecendo com ele. Mas eles ainda estavam num estado de negação completa e se recusavam a aceitar o que os médicos tinham dito: que o filho e o irmão que amavam tinha somente um tempo limitado de vida. Isso fez Roger

114 *Luto*

sentir que estava travando todas as suas batalhas sozinho em vez de ter o apoio e a ajuda da família.

Com a permissão de Roger, organizei um encontro com seus pais e a irmã e lhes expliquei o que ele estava sentindo. Eles não tinham percebido que o estavam fazendo sofrer; pensavam que, fazendo de conta que não havia nada de errado, estavam possibilitando que ele tivesse uma vida mais "normal". Foi um momento extremamente emotivo, mas foi eficiente. Da vez seguinte que o vi, Roger me contou que sua família e ele ficaram até tarde uma noite discutindo o futuro e o que iriam fazer para utilizar da melhor maneira possível o tempo que lhe restava.

Se alguém que você ama está com os dias contados, também é importante conversarem sobre o momento da morte e o que pensam que acontece depois. Isso não é ser mórbido ou importuno — seja como for, são esses os pensamentos que vão passando pela cabeça de todos. Procure descobrir qual é o maior medo da pessoa doente. Algumas têm medo do "nada" que acham que vem depois da morte, enquanto outros, como um colega que morreu há seis anos, preocupam-se com os últimos dias. Como ele me disse certa vez: "Não tenho medo de estar morto — só de como chegar lá".

Depois de descobrir qual é esse medo, talvez seja possível aliviá-lo. Se o medo é da dor, peça a um profissional para explicar o que será feito para minimizá-la. Se for do que acontece depois da morte, passe algum tempo conversando a respeito das crenças de cada um. Há muitos exemplos e livros que narram com detalhes experiências de quase-morte, e nem um deles descreve essas experiências como sendo horríveis. Ao contrário: a dor e o desconforto só parecem surgir quando a pessoa quase-morta foi ressuscitada.

Se a pessoa que está doente tem fé ou está em busca dela, arranje tempo para discutir e explorar várias idéias e filosofias. Se não tiver crença nenhuma, isso também pode ser discutido.

Trabalhei com muita gente que sabia perfeitamente bem que só lhe restava um período de tempo limitado para viver. Para quase todas essas pessoas, era importante ter a chance de expressarem seus desejos que deveriam ser cumpridos após a morte — que tipo de funeral desejavam, ou quem deveria ficar com um objeto precioso. Muito freqüentemente, famílias amorosas e aflitas procuram dissuadi-las de falar a respeito dessas coisas dizendo que "Há muito tempo para pensar nisso". No entanto, a pessoa doente sabe que isso não é verdade e sente realmente a necessidade de resolver todas as questões que puder antes de ser tarde demais.

Se você estiver numa situação assim com alguém que ama, lembre-se de que discutir o que ele quer que seja feito depois de sua morte não vai apressar o evento, assim como fazer um testamento não leva uma pessoa saudável a cair doente e morrer. Mas, em todos os momentos, procure acompanhar o ritmo da pessoa e conversar sobre as coisas que *ela* quiser conversar.

Uma pessoa muito doente pode querer também discutir os *seus* planos gerais para o futuro. Seria fácil acreditar que os doentes terminais não deveriam querer pensar no que vai acontecer no mundo depois que eles o deixarem — mas isso raramente acontece. Saber que aqueles que ficam têm esperanças, planos e sonhos para o futuro é algo que proporciona a um doente terminal um sentido de propósito e continuidade da vida.

Há discordâncias e divergências em determinados momentos na maioria das relações íntimas e talvez o maior presente dado pela consciência de ter um período de tempo finito pela frente seja a oportunidade de resolvê-las.

Quando Alison era muito pequena, ela e o pai eram muito próximos. Tendo três irmãos mais velhos, ela sempre

116   *Luto*

foi "a queridinha do papai". Durante seu crescimento, a família passou por muitas dificuldades. George era de origem muito pobre, mas tinha resolvido que todos os seus filhos teriam a melhor educação que ele pudesse lhes proporcionar, desde que dessem o melhor de si.

Os quatro filhos foram para a universidade. Alison cursavá-a havia um ano e meio quando informou ao pai que pretendia abandoná-la e casar-se com o jovem namorado. O jovem era vocalista de um grupo de música pop e Alison pretendia viajar pelo país com ele. George ficou horrizado ao saber que sua filha — era assim que ele via a situação — estava jogando fora todas as suas oportunidades para seguir um sujeito, sem o menor valor, de um lugar para outro, que provavelmente a descartaria quando se cansasse de sua companhia. Ele não só expressou verbalmente suas opiniões à filha, proibindo-a de fazer o que pretendia como lhe disse que aquele jovem nunca seria bem-vindo em sua casa.

A reação de Alison — nada surpreendente — foi de rompimento. Se o seu futuro marido não era bem-vindo, então ela obviamente também não era. Pai e filha separaram-se nos piores termos possíveis e George e sua mulher não estavam presentes na cerimônia de casamento que ocorreu pouco tempo depois.

O casamento durou cerca de sete anos, durante os quais não houve absolutamente nenhum contato entre George e Alison, embora ela tenha tido duas filhas. Quando seu marido finalmente a deixou por outra mulher, Alison sentiu que não poderia entrar em contato com o pai, para não ouvi-lo dizer "Eu bem que te avisei". Além disso, ela foi abandonada em uma situação financeira difícil e não queria dar a George a oportunidade de dizer-lhe que voltara a procurá-lo porque precisava de ajuda.

Os anos se passaram e, como cada um deles persistia em se lembrar do comportamento negativo do outro, a

Quando você tem tempo 117

distância entre eles foi ficando cada vez maior. Por fim, enquanto as filhas de Alison estavam na adolescência e ela conseguira um bom emprego, no qual trabalhava duro para progredir, George tornava-se um doente terminal. Sua família passava muito tempo com ele e, embora imaginassem seu desejo de ver a filha novamente, algo — talvez orgulho, teimosia ou medo de rejeição — evitou que mandassem chamá-la.

Finalmente sua mulher e seus filhos resolveram tentar localizar Alison, e não tiveram grande dificuldade em encontrá-la. Sua reação imediata foi querer estar com o pai — mesmo que estivesse com medo de que ele não quisesse vê-la. Ela foi até o hospital e, para alegria de todos, houve um reencontro feliz e cheio de emoção.

Eles não perderam tempo com recriminações sobre o passado, nem falaram sobre o que consideravam errado ou certo. No tempo que lhes restava, George e Alison conseguiram reacender o amor que sempre tiveram um pelo outro, e ele teve também a chance de conhecer as duas netas que nunca vira.

Depois da morte de George, Alison naturalmente sentiu uma boa medida de culpa pelo fato de ela e o pai terem estado longe um do outro durante tanto tempo. Pense, porém, no quanto sua culpa teria sido maior se eles nunca mais tivessem se reencontrado. Ela também se lembrava da alegria muito genuína do pai ao conhecer as duas netas.

Não há provas de que a saúde de George tenha tido qualquer melhora por tê-la reencontrado e conhecido as netas — mas certamente não piorou. Há muita evidência documentada que mostra o quanto o corpo é afetado pela mente. E a raiva, a tristeza e a amargura que George estava sentindo não poderiam deixar de contribuir para a deterioração de sua saúde. Da mesma forma, a alegria que sentiu na ocasião do reencontro pode muito bem ter aumentado o número de seus dias — ou pelo menos a quali-

118   *Luto*

dade de sua vida. Que maior presente uma filha poderia dar ao pai que, mesmo tendo cometido seus erros, estava fazendo provavelmente o que achava melhor para ela naquele momento?

As divergências entre duas pessoas nem sempre são tão completas e dramáticas quanto aquela entre George e Alison. Às vezes um pomo da discórdia, relativamente secundário, estraga uma relação afetiva que poderia ter sido forte e boa. Ainda que seja um problema sobre o qual ninguém fala, permanece ali como uma corrente subterrânea perigosa, à espreita, nas profundezas do relacionamento.

Sejam quais forem as diferenças de opinião que vocês tenham tido no passado — grandes ou pequenas —, faça o melhor uso possível do tempo que lhes foi dado para resolvê-las. Não se preocupe em saber quem estava certo — isso não muda e não serve para nada.

Há entre muitos amigos e familiares relações aparentemente boas, nas quais entretanto ninguém nunca diz o que realmente sente. Isso talvez ocorra porque, um dado acontecimento do passado fez com que essas pessoas passassem a ter dificuldade de expressarem seus sentimentos. Ou, porque um deles é muito retraído e, o outro, por sua vez, acha difícil ou constrangedor mostrar-lhe o que sente.

Pense de novo na época em que você era uma criança. Quando se sentia infeliz, magoada ou assustada, o que a fazia se sentir melhor? Um abraço, um beijo, palavras carinhosas — essas coisas podiam ser muito importantes, mesmo quando a situação era irreparável — um brinquedo favorito se quebrara ou um objeto precioso da infância se perdera. Ao crescer, não deixamos de precisar de abraços, beijos e palavras carinhosas — embora a maioria de nós tenha medo de pedi-los. Se a pessoa que você ama está ferida, física ou emocionalmente, ou está assustada, talvez você não consiga curar seus males pondo os braços em

Quando você tem tempo 119

volta dela e reassegurando-lhe seu amor, mas vai ajudá-la a se sentir segura e protegida, o que lhe dará forças para continuar e enfrentar seja o que for que o futuro lhe reserve.

Se você é alguém que sempre achou difícil expressar espontaneamente seus sentimentos, procure não deixar isso impedi-lo de falar com o coração agora. Garanto-lhe que, para a pessoa que mais precisa ouvir suas palavras, elas não vão soar nem banais nem bobas. Não planeje nem ensaie o que quer dizer; deixe que as palavras sejam as mais espontâneas possível. Dessa forma, você vai escolher instintivamente as palavras certas e as ações certas que as acompanham.

Algumas pessoas ficam confinadas ao leito à medida que seu estado piora; muitas, no entanto, ainda não chegaram a esse estágio e, apesar disso, sabem qual é seu prognóstico. Essas pessoas diferem enormemente em relação ao que querem e a como desejam passar o tempo que lhes resta. Uma vai querer ficar em sua própria casa o maior tempo possível, cercada pelas pessoas e coisas familiares; outras resolvem encher o tempo que lhes resta procurando realizar todos os seus sonhos e desejos.

Roger era um desses últimos. Você deve se lembrar de que, entre suas ambições, estava o desejo de voar num balão de ar quente, andar a cavalo e ir a Wembley para o final do campeonato. Também queria ver o Distrito dos Lagos na época dos narcisos e aprender a tocar violão. No começo, seus pais fizeram tudo quanto podiam para persuadi-lo a deixar essas ambições de lado, na esperança de que, desse modo, sua vida se prolongasse por mais algumas semanas. Entretanto, Roger acabou conseguindo convencê-los de que existir por um período maior de tempo não era suficiente, se esse tempo fosse vazio e árido. Ele sabia que seu estado físico tornaria cansativas muitas das coisas que queria fazer, mas estava disposto a descansar antes e

120   *Luto*

depois, para que elas fossem possíveis. O que ele não queria era terminar sua vida sem ter nada pelo que esperar.

Roger só não conseguiu realizar uma de suas ambições. Infelizmente, sua vida terminou antes do final do campeonato, de modo que ele nunca foi a Wembley. Mas já tinha seu ingresso e esperava estar lá quando veio o fim. Desse modo, suas últimas semanas e meses foram passados realizando desejos e olhando para a frente. Quando conversei com seus pais algum tempo depois de sua morte, eles me disseram que se sentiram muito felizes pelo fato de Roger ter conseguido fazer tantas das coisas que sempre quis fazer.

As pessoas que sabem que são doentes terminais parecem desenvolver uma força interior e uma serenidade que são negadas às pessoas saudáveis. Seja qual for sua reação inicial à notícia, depois que a aceitam, parece que em muitos casos ficam em paz e resignados — não de uma forma desesperançada e fatalista, mas em um sentido positivo, como se soubessem que estão indo para um lugar onde serão livres e inteiras de novo.

Isso pode ajudar muitíssimo às pessoas que as rodeiam — quer sejam profissionais da saúde, quer sejam amigos e familiares amorosos. Tenho de admitir que, na primeira vez em que visitei um hospital de doentes terminais, fiquei horrorizada. A idéia de ir a um lugar onde todos estavam "à espera da morte" me deixou extremamente ansiosa. O que eu devia dizer? Como devia reagir?

Eu não precisava ter me preocupado. Poucas vezes estive num lugar onde a atmosfera fosse tão cheia de paz, tão amorosa e tão positiva. Até as crianças, muitas delas confinadas ao leito, irradiavam uma serenidade muito maior que a permitida pela sua idade. Os amigos e familiares entravam e saíam, os maravilhosos profissionais da saúde faziam seu trabalho e — para minha surpresa na época — o lugar vibrava com o som de risadas. Não era o lugar de

Quando você tem tempo 121

sofrimento que eu esperava encontrar — desde então, nunca mais tive medo de entrar num hospital de doentes terminais.

Portanto, se alguém que você conhece ficou sabendo que é doente terminal e lhe deram um certo tempo de vida, veja isso como uma oportunidade que não é concedida a muitos e tire proveito da situação. Com essa informação, você pode fazer tudo o que puder para tornar o resto da vida dessa pessoa tão positivo e feliz quanto possível e, por causa disso, vai saber que lhe deu o mais precioso dos presentes — uma prova positiva de seu amor.

CAPÍTULO 8

Celebre a vida

Imediatamente após a morte de alguém próximo, você naturalmente vai se sentir triste e viver todas aquelas emoções que são parte natural do processo de luto. Mas, por fim, os extremos do sofrimento e da tristeza se amenizam e você terá de enfrentar a questão de passar o resto da vida sem a presença física da pessoa que morreu.

Você vai se deparar com a escolha entre dois caminhos para seguir em frente. Você pode ser como a rainha Vitória depois da morte do príncipe Albert e preferir passar o resto da vida de luto. Ou pode aprender a deixar o egocentrismo de seu luto para trás e tocar a vida em frente da melhor maneira que puder. Isso não significa que estará tentando erradicar a memória da pessoa que morreu. Longe disso. O que você vai estar fazendo é manter viva a sua memória de tal modo que ela seja lembrada com prazer pelo fato de ter sido quem foi.

Em vez de passar seu tempo lamentando o que perdeu e todas as coisas que nunca fez, por que não prestar à pessoa que morreu a grande homenagem de se lembrar com prazer de todas as coisas boas com ela relacionadas e dos bons momentos que passaram juntos?

Como alguém pode continuar vivo depois de ter sido liberado de seu corpo físico? As pessoas continuam vivas ao serem lembradas por outras pessoas. Se ninguém nunca pensar nelas, é quase como se nunca tivessem existido,

124 *Luto*

ou como se sua vida não tivesse servido para nada. E, se elas forem lembradas unicamente em ocasiões solenes, acompanhada de lágrimas e pensamentos sombrios, vai acabar parecendo que eram pessoas sombrias e austeras que não sabiam rir.

Pense em você. Se morresse amanhã, preferiria que seus amigos e entes queridos chorassem e parecessem melancólicos toda vez que seu nome fosse mencionado, ou ficaria mais feliz se eles falassem de você com calor e afeto — até mesmo sorrindo com a lembrança dos bons tempos que passaram juntos? Sei o que eu preferiria. Certamente podemos fazer o mesmo por aqueles que amamos.

Derek e Elaine só estavam casados havia cinco anos quando ela morreu tragicamente num acidente. É claro que o jovem ficou arrasado e passou por todas as fases normais do processo de luto. O mesmo aconteceu com os amigos e parentes de Elaine. Por isso mesmo, ficaram todos muito surpresos na época do que teria sido o aniversário seguinte de Elaine, ao receber convites de Derek para uma festa em comemoração à sua vida.

A festa foi uma ocasião muito alegre e agradável, com boa música, boa comida e bons vinhos. Como era natural, todos falaram de Elaine, mas não com os tons abafados e reverentes que se costuma usar para falar de alguém que havia morrido apenas alguns meses antes. Houve risadas quando se lembraram de sua animação e atitude despreocupada diante da vida. Houve recordações carinhosas de sua bondade e da disposição que sempre tivera em ajudar a todos de todas as maneiras possíveis. Fotografias antigas apareceram e foram passadas de mão em mão — Elaine bebê, Elaine na escola, Elaine na universidade, Elaine de noiva.

No fim da noite havia uma atmosfera maravilhosa na casa onde Derek e Elaine viveram juntos durante sua curta vida de casados. E, quando os convidados sairam da festa, tinham no rosto um sorriso e pensamentos alegres a respeito daquela jovem encantadora que conheceram.

Ao falar mais tarde sobre sua decisão de dar a festa, Derek disse que não queria que o dia do aniversário de Elaine passasse em branco, mas, ao mesmo tempo, sabia que ela não ia querer que as pessoas se sentissem infelizes ao pensar nela.

Ele se perguntou o que Elaine teria gostado de fazer se estivesse viva e então realizou aquilo que sabia ser o seu desejo. Ficou muito satisfeito por ter possibilitado todos os seus convidados se sentirem felizes, por ele próprio ter se sentido feliz e, o mais importante de tudo, por acreditar que fez Elaine também se sentir feliz.

Ele não sabia se acreditava ou não em alguma coisa depois da morte; sabia apenas que Elaine estava "em algum lugar" e que, de lá, pudera ver todos os seus amigos e parentes se lembrando dela com amor e alegria.

É claro que algumas pessoas vão preferir uma forma muito mais privada de se lembrar de alguém — o que também é ótimo. No entanto, antes de fazer qualquer coisa, pare e pergunte a si mesmo por que sente necessidade de celebrar a vida que terminou. É provável que haja dois motivos: o primeiro é tornar a perda mais fácil de suportar, e o segundo é fazer algo pela pessoa que morreu.

Não há nada de errado no que alguns poderiam ver como o aspecto "egoísta" da situação. A morte ocorreu, você sofreu a perda de alguém que ama. Por que então não fazer tudo o que estiver a seu alcance para tornar essa perda mais fácil de assimilar? Quanto mais significativa se tornaria essa celebração — e que tributo perfeito para a pessoa que morreu — se ela fosse realizada segundo o gosto e o desejo da pessoa amada?

126   *Luto*

Aqui estão algumas sugestões de como uma vida pode ser celebrada e lembrada — mas tenho certeza de que você pode pensar em outras por conta própria.

PLANTAR UMA ÁRVORE OU ARBUSTO

Há algo muito gratificante em usar plantas para comemorar uma vida. Talvez seja por que as plantas são, elas também, seres vivos e estarão ali entra ano, sai ano, o que pode nos levar a acreditar na continuidade da vida.

Uma planta perene, seja uma árvore, um arbusto ou um bulbo, parece estar morta em um certo período do ano, mas volta de novo à vida quando surgem as condições apropriadas.

Sejam quais forem suas crenças a respeito da vida que se segue a esta, você não tem como deixar de ficar alegre quando aquela planta em particular começar a reviver — mesmo que você só tenha consciência disso num plano subconsciente.

Um homem cuja mulher morreu de câncer plantou todo um jardim de rosas em sua homenagem. Ela adorava rosas e eles tinham a sorte de ter um jardim bem grande, de modo que, num lugar quente e ensolarado, ele plantou uma dúzia de rosas perfumadas, entre as quais colocou um banco de madeira.

Às vezes, sentindo necessidade de estar perto de sua adorada mulher outra vez, sentava-se ali e conversava em voz baixa com ela sobre o seu dia. Outras vezes, simplesmente curtia as flores se abrindo a seu redor. Sempre que se sentava naquele banco entre as roseiras em flor, sentia-se em paz.

Mesmo que você não tenha um jardim, pode plantar algo no de outras pessoas — no jardim de um amigo, ou no pátio da igreja. Ou então pode plantar uma árvore ou um arbusto num pedaço de terra sem dono, desde que não seja um lugar onde ela possa causar problemas aos outros.

ACENDER VELAS

Desde que existem, as velas sempre tiveram um significado especial para os que seguem uma determinada religião, assim como para quem não acredita em nada.

Quer você seja ou não religioso, vai sentir os benefícios de acender uma vela e dispor do tempo imediatamente seguinte a esse ato para estabelecer seu próprio tipo de contato com a pessoa que morreu.

Talvez você prefira conversar com ela em voz alta, relaxar e refletir sobre seus próprios pensamentos ou relembrar os bons momentos que viveram juntos.

Eu acredito firmemente que, tenha ou não consciência disso, se criar esse tipo de rotina, o espírito da pessoa que você perdeu vai tomar conhecimento do que você está fazendo e vai se aproximar.

RITUAL RELIGIOSO

Se você for seguidor de uma determinada religião, é provável que encontre conforto nos rituais de sua fé. Tome apenas o cuidado de não realizá-los mecanicamente, ou de não usá-los como momento para reenfatizar sua perda. Deixe que todas as lembranças sejam dos bons momentos vividos juntos com a pessoa que você perdeu e não de tristeza pela sua partida.

IMAGENS — REAIS E IMAGINÁRIAS

Algumas pessoas acham que é bom conversar com uma fotografia, pois ela mantém a mente concentrada na apa-

128 *Luto*

rência física da pessoa que morreu. E como as fotografias em geral são tiradas em momentos felizes, também podem ajudar a dispersar os pensamentos melancólicos associados à morte e substituí-los por outros mais positivos de lembranças compartilhadas.

Mesmo que você não tenha uma fotografia, pode evocar uma imagem em sua mente. Não se preocupe se, no começo, a única imagem que vier seja a da pessoa como ela estava à medida que se aproximava do fim da vida. Isso é natural e vai passar.

Meu marido foi a primeira pessoa que vi morta. Nos meses seguintes, fosse qual fosse o aspecto de nossa vida em comum no qual eu estivesse pensando, só conseguia vê-lo como ele estava imediatamente antes de seu ataque cardíaco fatal. Depois de alguns meses, porém, descobri que a imagem dele que me vinha à mente era de quando estava bem de saúde, alegre e feliz.

Não fiz nada para mudar sua imagem — na verdade, só percebi a mudança algum tempo depois que ela aconteceu —, mas, talvez por isso mesmo, foi um grande conforto para mim.

Uma das coisas que muita gente acha extremamente difícil realizar é a tarefa de separar e arrumar os pertences de alguém depois de sua morte — e quanto mais próximo você estava dela, tanto mais difícil parece ser cumprir essa tarefa.

Ver a vida de alguém reduzida a uma série de objetos pode ser um grande sofrimento. No entanto, até esses objetos são de certa forma uma homenagem à vida da pessoa em questão.

O valor dos objetos não tem nada a ver com essa homenagem. Alguém que era muito rico pode ter juntado uma série de objetos e pinturas de preço incalculável só por causa do valor, sem sentir nenhum amor verdadeiro pelos objetos em si. Outra pessoa — menos rica — pode ter acumu-

Celebre a vida   129

lado durante toda a sua vida uma miscelânea de coisas, nenhuma das quais com grande valor comercial, mas cada uma delas fonte de grande alegria.

Quer estejamos falando de uma modesta coleção de cartões-postais de grandes mestres da pintura ou de uma coleção de bibelôs dados com amor por filhos e netos, esses objetos são, de certa forma, uma celebração da vida da pessoa que os possuía.

As pessoas enlutadas em geral não sabem o que fazer com todos esses objetos. É impossível ficar com tudo; entretanto, costuma haver um sentimento de culpa quando nos livramos deles.

Não precisa ser assim. Você não é obrigado a guardar todas essas coisas para se lembrar da pessoa que morreu. O maior e mais requintado dos relicários não vai fazer você pensar com mais freqüência ou amor nessa pessoa. Talvez a melhor coisa a fazer seja selecionar um ou dois objetos de valor sentimental que queira guardar — permitindo aos outros que foram igualmente próximos fazer o mesmo — e depois fazer o que parecer mais adequado com o que sobrou.

Em minha casa tenho um vaso e uma molheira de porcelana de minha avó, uma obra de Shakespeare com encadernação de couro que foi do meu pai, além de sua espátula de cortar papel, e uma mesinha de teixo que era de meu marido, assim como todos os cartões de felicitações que ele me mandou pela passagem de meu aniversário e outras datas importantes.

Também tenho muitas fotografias de todos eles e uma quantidade enorme de lembranças felizes e cheias de amor, cujo valor nenhum tesouro do mundo poderia aumentar.

Se as coisas que foram deixadas podem fazer bem a alguém — quer sendo doadas a instituições de caridade, quer sendo vendidas e o dinheiro usado de uma forma

130   *Luto*

que teria agradado à pessoa —, esse também é um jeito de celebrar sua vida. É uma maneira de permitir que sua bondade continue existindo mesmo depois de sua morte.

Lembre-se de que, quando choramos, choramos por nós mesmos, porque somos aqueles deixados para trás; nós é que perdemos alguém muito especial.

Chega uma hora, porém, em que o choro estanca e percebemos que estaremos fazendo muito mais para homenagear sua lembrança se pudermos encontrar formas de celebrar sua vida.

Conclusão

O texto a seguir me foi enviado por um amigo depois da morte de meu marido e me trouxe grande conforto.

Desde então, mando-o para outras pessoas enlutadas, e elas têm a mesma impressão.

Ofereço-o a você na esperança de que venha a ajudá-lo também.

Foi tirado de um sermão feito por Henry Scott Holland, no Domingo de Ramos de 1910:

A morte não é nada. Eu só me esgueirei até o quarto ao lado.

Eu sou eu, você é você. Seja o que for que tenhamos sido um para o outro, ainda somos.

Chama-me pelo meu nome de sempre. Converse comigo daquela forma espontânea que você sempre usou.

Não use um tom diferente. Não faça um ar forçado de solenidade ou sofrimento.

Ria como sempre ríamos das brincadeirinhas que nos divertiam.

Brinque... ria... pense em mim... reze por mim.

Deixe meu nome ser o nome familiar que sempre foi.

Deixe que seja pronunciado sem ênfase, sem um fantasma ou sombra nele.

A vida tem todo o significado que sempre teve. É a mesma que sempre foi.

132   Luto

Não há absolutamente nenhuma quebra de continuidade.

O que é a morte além de um pequeno acidente?

Por que devo ficar fora de seu coração só porque estou fora de sua vista?

Estou esperando por você — esse é só um intervalo.

Em algum lugar muito perto — virando a esquina.

Está tudo bem.

Leituras complementares*

Barbara Ward, *Healing Grief*, Vermilion.
Donald Scott, *Coping With Suicide*, Sheldon Press.
Elisabeth Kubler-Ross, *On Death and Dying*, Tavistock/Routledge.
Elisabeth Kubler-Ross, *On Children and Death*, Macmillan.
Ian Ainsworth-Smith e Peter Speck, *Letting Go*, SPCK.
Irmã Margaret Pennells e Susan C. Smith, *The Forgotten Mourners*, Jessica Kingsley.
Ursula Markham, *Women and Guilt*, Piatkus.

Também disponíveis em fita cassete:

Dealing With Bereavement, de Ursula Markham; pode ser adquirido através de The Hypnothink Foundation, PO Box 66, Gloucester GL2 9YG.

Outros títulos de Ursula Markham já publicados no Brasil:

Como lidar com pessoas difíceis, Mandarin
Elementos da visualização, Ediouro-Tecnoprint
Estresse feminino: um guia prático de combate, Angra

---

* No caso de livros já publicados no Brasil, colocamos apenas o título da obra em português, com sua respectiva editora.

134   *Luto*

Mulher atual: soluções para viver melhor, Saraiva
Resposta de vida: as quatro etapas da evolução, Saraiva
Superando o estresse, Bestseller
Terapias de regressão hipnótica, Nova Era/Record

Na coleção Guias Ágora:
Traumas de infância, Ágora

Outros títulos da autora:

Alternative Health — Hypnosis, Optima.
Creating a Positive Self-Image, Element Books.
Helping Children Cope With Stress, Sheldon Press.
How to Survive Without a Job, Piatkus.
Life Scripts, Element Books.
Living with Change, Element Books.
Memory Power, Vermilion.
Women and Guilt, Piatkus.

Índice remissivo

aborto espontâneo 79, 80-3, 93
aceitação 11-2
acidentes 87-9, 92-3
aconselhamento 45, 55, 83, 93
alimentação 21, 26
alívio 20, 26
animais de estimação 70-1, 74
apoio a vítimas 110

celebração da vida 123, 125, 129
consigo mesmo, cuidado 21, 26,
86 93
conversar 24-5, 37, 59, 68, 73
crianças 13, 61-9, 70-8, 82-6, 89, 90
crime 89, 90, 107-9, 110
culpa 16-9, 20, 26, 64-5, 72, 74, 80
87, 93, 95-6, 98, 106

datas importantes 14-5
doação de órgãos 30, 91-2, 94
doença terminal 112, 115, 117
120-1

escrever cartas 51-3
espírito 35-6, 38, 42, 57, 59
exercícios 22, 26
experiência de quase-morte 32, 34

fé 29, 41

hipnose 38, 40, 56

incredulidade 11

Jung 38

lembranças 23-6
luto 12, 14-6, 19

meditação 55-7
medo 19, 20, 26, 62-3, 66, 68, 72-3
80, 83, 87, 111, 13-4
morte no berço 84, 93

natimorto 79, 82-3
negação 11

pedido de desculpas 47

questões pendentes 43-4, 51, 58
113

raiva 15-6, 26
reencarnação 37-9, 41
regressão a vidas passadas 38-9
40-1
relaxamento 53, 55-8
ritual 69, 71, 127
rotina 21-3, 26

simbolismo 29
sono 21-2, 26
suicídio 95-6, 98-9

vida após a morte 31, 41-2,77, 86
visualização 53-4, 57
viuvez 99, 102-6

A autora

Ursula Markham é hipnoterapeuta e conselheira. Há 16 anos tem ajudado pacientes a enfrentar lutos de todos os tipos — desde suicídios até a morte de um filho, doenças terminais e viuvez repentina. Além de dirigir sua própria clínica, dá conferência e conduz *workshops* e seminários. Participa da diretoria da fundação Hypnothink Foundation, responsável na Inglaterra pelo treinamento de hipnoterapeutas e conselheiros em nível profissional. É também autora de sucesso com vários livros de auto-ajuda publicados no Brasil.

Impresso em off set

Rua Clark, 136 – Moóca
03167-070 – São Paulo – SP
Fones: (0XX) 6692-7344
6692-2226 / 6692-8749

com filmes fornecidos pelo editor

LEIA TAMBÉM

ANOREXIA E BULIMIA
Julia Buckroyd

Nos últimos 25 anos, a anorexia e a bulimia transformaram-se em endemias entre os jovens do mundo ocidental. O livro traz informações atualizadas sobre o assunto, que ainda é pouco conhecido e que atinge uma enorme camada de jovens entre 15 e 25 anos de idade. A autora esclarece como a sociedade e a cultura colaboram com a criação dessas doenças, descreve os sintomas, as conseqüências e também como ajudar no âmbito familiar e profissional. REF. 20710.

ANSIEDADE, FOBIAS E SÍNDROME DO PÂNICO
Elaine Sheehan

Milhares de pessoas sofrem de síndrome do pânico ou de alguma das 270 formas de fobias conhecidas. O livro aborda os diferentes tipos de ansiedade, fobias, suas causas e sintomas. Ensina meios práticos para ajudar a controlar o nível de ansiedade e orienta quanto à ajuda profissional quando necessária. REF. 20707.

DEPRESSÃO
Sue Breton

A depressão cobre uma vasta gama de emoções, desde o abatimento por um episódio do cotidiano até o forte impulso suicida. Este guia mostra os diferentes tipos de depressão e explica os sentimentos que os caracterizam, para ajudar os familiares e os profissionais a entender a pessoa em depressão. Ensina também como ajudar a si mesmo e a outros depressivos. REF. 20705.

ESTRESSE
Rochelle Simmons

Informações de caráter prático sobre este "mal do século" tão citado e pouco entendido. Descreve a natureza do estresse, técnicas de relaxamento e respiração, ensina a acalmar os sentidos e a gerenciar o estresse de forma positiva. REF. 20708.

TIMIDEZ
Linne Crawford e Linda Taylor

A timidez excessiva interfere na vida profissional, social e emocional das pessoas. Este livro mostra como identificar o problema e como quebrar os padrões de comportamento autodestrutivos da timidez. Apresenta conselhos e técnicas simples e poderosas para enfrentar as mais diversas situações. REF. 20706.

TRAUMAS DE INFÂNCIA
Ursula Markham

Um trauma de infância pode ter sido causado pela ação deliberada de uma pessoa ou pode ter ocorrido acidentalmente. A autora mostra como identificar esse trauma e como lidar com ele por meio de exercícios e estudos de caso. O número de pessoas que sofreu alguma situação traumática na infância é imenso e a leitura deste livro poderá ajudá-las a superar e a melhorar sua qualidade de vida. REF. 20709.

VÍCIOS
Deirdre Boyd

Os vícios – álcool, drogas, sexo, jogo, alimentos e fanatismos – constituem um dos maiores problemas a enfrentar atualmente no mundo todo. Eles comprometem a vida de pessoas de idades e classes sociais variadas, tanto as adictas quanto seus familiares e companheiros. O guia mostra os últimos estudos sobre as origens dos vícios, suas similaridades e como lidar com cada um deles. REF. 20711.

LEIA TAMBÉM

DESCANSEM EM PAZ OS NOSSOS MORTOS DENTRO DE MIM
Sergio Perazzo

O papel do médico e suas inibições ao lidar com a morte, e o difícil enfrentamento do assunto nos dias de hoje são algumas das questões abordadas neste livro. O autor analisa o tema do ponto de vista do psicodrama, mas seu estilo elegante e poético faz com que sua leitura seja indicada para todos os que desejam repensar esse importante tema da vida. REF. 20509.

EMAGRECIMENTO NÃO É SÓ DIETA!
Terezinha Belmonte

Este livro nos convida a uma séria reflexão sobre a obesidade, suas causas, seus efeitos, apontando caminhos para soluções e, acima de tudo, desmistificando as propostas mágicas que envolvem as dietas em geral. REF. 20272.

Saiba mais sobre MACONHA E JOVENS
Um guia para leigos e interessados no assunto
Içami Tiba

O autor analisa a maconha, seus efeitos, e a maneira pela qual os jovens acabam se envolvendo com ela. Útil para pais, jovens e terapeutas. Escrito em linguagem coloquial, o livro estabelece também um paralelo entre as etapas do desenvolvimento escolar e os aspectos preventivos. 4ª edição revista e ampliada. REF. 20361.

SOBREVIVÊNCIA EMOCIONAL
As dores da infância revividas no drama adulto
Rosa Cukier

Série de artigos que enfoca um tema emergente e pouco analisado, o "borderline". A partir de uma experiência pessoal familiar, a autora desenvolveu um trabalho que abrange a "criança ferida", os processos narcisísticos e os dissociativos. A abordagem é psicodramática, mas se aplica a diversas formas de terapia. Útil e tocante, ele serve tanto ao profissional quanto às pessoas envolvidas com tais pacientes. REF. 20540.

VENCENDO O MEDO
Um livro para pessoas com distúrbios de ansiedade, pânico e fobias
Jerilyn Ross

Finalmente, um livro que trata de tema emergente e que atinge milhares de pessoas. A autora, psicóloga e ela própria ex-fóbica, descreve os diferentes tipos de distúrbios de forma simples e coloquial. Em seguida, fala sobre seu método de trabalho, com citações de casos. Recomendado para profissionais e pacientes. REF. 20504.

———————————— dobre aqui ————————————————

ISR 40-2146/83
UP AC CENTRAL
DR/São Paulo

CARTA RESPOSTA
NÃO É NECESSÁRIO SELAR

O selo será pago por

SUMMUS EDITORIAL

05999-999 São Paulo-SP

———————————— dobre aqui ————————————————

LUTO

ÁGORA

CADASTRO PARA MALA-DIRETA

Recorte ou reproduza esta ficha de cadastro, envie completamente preenchida por correio ou fax, e receba informações atualizadas sobre nossos livros.

Nome:_____ Empresa:_____

Endereço: ☐ Res. ☐ Coml. _____ Bairro:_____

CEP: _____-_____ Cidade: _____ Estado: _____ Tel.: ( ) _____

Fax: ( ) _____ E-mail: _____ Data de nascimento: _____

Profissão:_____ Professor? ☐ Sim ☐ Não Disciplina: _____

1. Você compra livros:

☐ Livrarias   ☐ Feiras
☐ Telefone   ☐ Correios
☐ Internet   ☐ Outros. Especificar:_____

2. Onde você comprou este livro?
_____

3. Você busca informações para adquirir livros:

☐ Jornais   ☐ Amigos
☐ Revistas   ☐ Internet
☐ Professores   ☐ Outros. Especificar:_____

4. Áreas de interesse:

☐ Psicologia   ☐ Comportamento
☐ Crescimento Interior   ☐ Saúde
☐ Astrologia   ☐ Vivências, Depoimentos

5. Nestas áreas, alguma sugestão para novos títulos?
_____
_____

6. Gostaria de receber o catálogo da editora? ☐ Sim ☐ Não

7. Gostaria de receber o Ágora Notícias? ☐ Sim ☐ Não

cole aqui

Indique um amigo que gostaria de receber a nossa mala-direta

Nome:_____ Empresa:_____

Endereço: ☐ Res. ☐ Coml. _____ Bairro:_____

CEP: _____-_____ Cidade: _____ Estado: _____ Tel.: ( ) _____

Fax: ( ) _____ E-mail: _____ Data de nascimento: _____

Profissão:_____ Professor? ☐ Sim ☐ Não Disciplina: _____

Editora Ágora

Rua Itapicuru, 613 Conj. 82 05006-000 São Paulo - SP Brasil Tel (11) 3871 4569 Fax (11) 3862 3530 ramal 116
Internet: http://www.editoraagora.com.br   e-mail: agora@editoraagora.com.br